संकल्प सिद्धि रहस्य:

संकल्प, दृश्यांकन, प्रार्थना और जीवनसिद्धि

AF690734

अशोका राव मणिकला

notionpress.com

INDIA • SINGAPORE • MALAYSIA

ISBN
Paperback 979-8-90451-647-5
Hardcase 979-8-90479-587-0

समर्पण

मैं इस कृति को अपने पूज्य पिता **स्वर्गीय श्री रामकृष्णय्या मणिकला** तथा माता **स्वर्गीय श्रीमती राजम्मा** की पावन स्मृति को विनम्रतापूर्वक समर्पित करता हूँ, जिन्होंने मेरे भीतर असीम प्रेम, स्नेह, संस्कार और जीवन के मूल मूल्य स्थापित किए।

बाल्यकाल से ही उनका दिया हुआ प्रेम, त्याग, धैर्य, परिश्रम का मूल्य और आध्यात्मिक विश्वास मेरे जीवन की आंतरिक नींव बने रहे। उन्होंने शब्दों से अधिक अपने आचरण द्वारा जो जीवन-पाठ दिए, वे अनेक परिस्थितियों में मौन रूप से मेरा मार्गदर्शन करते रहे। कठिन समय में स्थिर रहना, सरलता बनाए रखना और विश्वास न खोना - इन सबके बीज उन्होंने ही मेरे भीतर रोपे।

मेरे पिता का अनुशासन, कर्तव्यनिष्ठा और मौन शक्ति, तथा मेरी माता का स्नेह, प्रार्थना और अविरत आशीर्वाद - दोनों ही मेरी जीवन-यात्रा में अदृश्य सहारा बनकर सदैव साथ रहे। इस पुस्तक में व्यक्त संकल्प, विश्वास, आंतरिक शक्ति और जीवन के प्रति भरोसे की जड़ें भी उन्हीं से प्राप्त संस्कारों में निहित हैं।

उनका प्रेम आज भी मेरे भीतर विश्वास के रूप में जीवित है, और उनका आशीर्वाद मौन शक्ति बनकर मेरे साथ बना हुआ है।

उनकी स्मृति मेरे जीवन की प्रत्येक उपलब्धि के पीछे मौन प्रेरणा बनी हुई है।

अशोका राव मणिकला

Contents

प्रस्तावना

संकल्प सिद्धि रहस्यः संकल्प, दृश्यांकन, प्रार्थना और जीवनसिद्धि

मानव जीवन को ध्यानपूर्वक देखने पर एक गहरा सत्य धीरे-धीरे स्पष्ट होता है। जीवन में होने वाली प्रत्येक उपलब्धि केवल बाहरी परिश्रम का परिणाम नहीं होती। परिश्रम, ज्ञान, अनुभव, समय और परिस्थितियाँ निस्संदेह महत्त्वपूर्ण हैं; फिर भी अनेक बार इन सबके पीछे एक ऐसी आंतरिक शक्ति कार्य करती है जो मौन रहती है। कुछ निर्णय वर्षों बाद फल देते हैं, कुछ मौन प्रार्थनाएँ अपेक्षा से अधिक नए मार्ग खोल देती हैं, और कभी-कभी मन में स्पष्ट रूप से बना एक आंतरिक चित्र जीवन की दिशा को धीरे-धीरे बदल देता है।

भारतीय परंपरा में इस आंतरिक गति को संकल्प का अत्यंत महत्त्वपूर्ण स्थान दिया गया है। हमारी पूजा, व्रत, होम, यज्ञ और मंदिरों की सेवाओं में प्रत्येक शुभ कार्य से पहले संकल्प बोला जाता है। यह केवल एक धार्मिक वाक्य नहीं, बल्कि मन को दिशा देने वाली आंतरिक प्रक्रिया है। भारतीय ऋषियों ने बहुत पहले ही एक सूक्ष्म सत्य को समझ लिया था - जब मन की दिशा स्पष्ट होती है, तब कर्म भी उसी दिशा में चलने लगते हैं।

मेरे जीवन की अनेक घटनाओं ने इस सत्य को धीरे-धीरे समझने में सहायता की है। बचपन के कुछ अनुभव, युवावस्था के कुछ निर्णय, कठिन क्षणों में की गई मौन प्रार्थनाएँ, मंदिरों में देखी गई संकल्प-विधियाँ, गुरुओं से सुने अनुभव और बाद में पढ़ी गई अनेक पुस्तकें - **इन सबने मिलकर मेरे भीतर एक प्रश्न को गहरा किया: क्या संकल्प वास्तव में जीवन की दिशा बदल सकते है?**

यह पुस्तक उसी प्रश्न के उत्तर की खोज का एक विनम्र प्रयास है।

इस पुस्तक में हम समझते हैं कि संकल्प क्या है, अंतरंग मन कैसे कार्य करता है, कुछ संकल्प शीघ्र फलित क्यों होते हैं और कुछ विलंब से क्यों, स्पष्ट संकल्प कैसे बनाया जाए, दृश्यांकन का स्थान क्या है, मंत्र और ध्यान संकल्प में कैसे सहायक होते हैं, दैवी समर्पण क्यों महत्त्वपूर्ण है, तथा जीवन के वास्तविक अनुभव हमें क्या सिखाते हैं।

पुराणों में ध्रुव और प्रह्लाद, इतिहास में स्वामी विवेकानंद, महात्मा गांधी, डॉ. ए. पी. जे. अब्दुल कलाम और आदि शंकराचार्य, तथा सामान्य जीवन में अनेक व्यक्तियों के अनुभव - ये सभी संकल्प की आंतरिक शक्ति को विभिन्न रूपों में स्पष्ट करते हैं।इस विषय की गहराई को गुरु-

मार्गदर्शन में समझना सर्वोत्तम है। विशेष रूप से **डॉ. श्री रामचंद्र गुरुजी** के चक्रध्यान, स्व-सम्मोहिनी और आंतरिक शक्ति जागरण संबंधी मार्गदर्शन, तथा **श्री गोपालकृष्ण भट्ट गुरुजी** के योगनिद्रा, संकल्पशक्ति और ध्यान-अभ्यास मन की गहराइयों को अनुभव करने में अत्यंत सहायक हैं - यह मैंने व्यक्तिगत रूप से अनुभव किया है।

मेरी हार्दिक इच्छा है कि यह पुस्तक केवल पढ़ने का अनुभव न बनकर पाठकों को अपने जीवन को भीतर से देखने की प्रेरणा दे। संकल्प को केवल इच्छा नहीं, बल्कि स्पष्ट आंतरिक दिशा के रूप में समझने में सहायक बने।

जीवन में परिश्रम आवश्यक है। ज्ञान आवश्यक है। समय आवश्यक है। परंतु इन सबमें प्राण भरने वाला तत्व संकल्प ही है।

स्पष्ट संकल्प + शुद्ध भावना + दृश्यांकन + दैवी समर्पण = जीवन की दिशा बदलने वाली मौन शक्ति

यह पुस्तक पाठकों के अंतर्मन में शांति, स्पष्टता और नई रोशनी लाए - यही मेरी मंगलकामना है।

अशोका राव मणिकला

लेखक के बारे में

अशोका राव मणिकला ऐसे लेखक हैं जिनके व्यक्तित्व में तकनीकी दक्षता, समृद्ध औद्योगिक अनुभव, आध्यात्मिक जिज्ञासा और भारतीय दार्शनिक परंपराओं के प्रति गहरा आदर सुंदर रूप से एकत्रित होते हैं। वे मूलतः एक अभियंता हैं और उन्होंने राष्ट्रीय प्रौद्योगिकी संस्थान कर्नाटक से अभियांत्रिकी शिक्षा प्राप्त की। अपने व्यावसायिक जीवन में भारत तथा विदेशों के अनेक प्रतिष्ठित औद्योगिक संस्थानों में महत्त्वपूर्ण उत्तरदायित्व निभाए। दीर्घ औद्योगिक सेवा के पश्चात् वर्ष 2024 में वे एजीआई ग्रीनपैक, हैदराबाद से प्रेसिडेंट – ऑपरेशन्स (संचालन प्रमुख) पद से सेवानिवृत्त हुए।

अपने व्यावसायिक जीवन के साथ-साथ जीवन के विभिन्न चरणों में प्राप्त अनुभवों, गुरुजनों की उपस्थिति में मिले मार्गदर्शन, ध्यान-अभ्यासों और भारतीय आध्यात्मिक परंपराओं के अध्ययन ने उनके आंतरिक चिंतन को नई दिशा दी। कठिन परिस्थितियों में अनुभव की गई प्रार्थना की शक्ति, मंदिरों में देखी गई संकल्प-पद्धतियाँ, तथा मंत्र और ध्यान के प्रभावों ने उनके भीतर **संकल्प सिद्धि रहस्य** के प्रति गहरी रुचि उत्पन्न की।

वर्ष 2023 से वे नियमित रूप से **श्री गोपालकृष्ण भट्ट गुरुजी** द्वारा संचालित **सर्व समृद्धि योगनिद्रा, संकल्प शक्ति और ध्यान कक्षाओं** में भाग ले रहे हैं, जिसके माध्यम से वे प्रत्यक्ष अनुभव द्वारा मन की गहराइयों और संकल्प सिद्धि के व्यावहारिक आयामों को समझते आ रहे हैं।

उन्हें **डॉ. श्री रामचंद्र गुरुजी** के **चक्र ध्यान, स्वयं-सम्मोहन और आंतरिक ऊर्जा जागरण** से भी मूल्यवान प्रेरणा प्राप्त हुई। इन अनुभवों ने मन की सूक्ष्म परतों को समझने में उनकी सहायता की। संकल्प के सूक्ष्म विज्ञान को सरल भाषा में पाठकों तक पहुँचाने की आंतरिक प्रेरणा ही **संकल्प सिद्धि रहस्य** लिखने का कारण बनी।

उनकी लेखन शैली तकनीकी स्पष्टता, जीवनानुभव, भारतीय ज्ञान परंपरा और आध्यात्मिक दृष्टि के सुंदर संयोजन के लिए जानी जाती है। गहन विषयों को सरल भाषा में प्रस्तुत करना उनके लेखन की विशिष्ट विशेषता है।

उनकी प्रमुख पूर्व प्रकाशित कृतियाँ हैं:

- **Excellence in Container Glass Manufacturing**
- **Energy Conservation and Decarbonisation**
- **Manufacturing Excellence – Systems, People & Psychology Behind World-Class Performance**
- **Annadatana Engineering – Basic Engineering for Farmers (Kannada)**
- **Sankalpa Siddhi Rahasya (Kannada & English)**

संकल्प सिद्धि रहस्य उनके जीवनानुभव, आंतरिक चिंतन और भारतीय आध्यात्मिक ज्ञान के अध्ययन से निर्मित एक कृति है।

आभार

इस पुस्तक के निर्माण में अनेक व्यक्तियों ने प्रत्यक्ष और परोक्ष रूप से प्रेरणा दी है। उनके मार्गदर्शन, अनुभव, प्रोत्साहन और सहयोग के बिना यह कृति अपने वर्तमान रूप में संभव नहीं हो पाती।

सबसे पहले मैं **श्री गोपालकृष्ण भट्ट गुरुजी** के प्रति अपनी हृदयपूर्ण कृतज्ञता व्यक्त करता हूँ। उनकी **सर्व समृद्धि योगनिद्रा, संकल्प शक्ति और ध्यान कक्षाओं** में नियमित सहभागिता से मुझे संकल्प की सूक्ष्म कार्यप्रणाली, मन की गहराई, ध्यान के महत्व और आंतरिक ऊर्जा के अनुभव से जुड़ी अनेक नई परतों को समझने का अवसर मिला। उनके द्वारा साझा किए गए अनेक अनुभव और उपदेश इस पुस्तक के कई भागों के लिए आंतरिक प्रेरणा बने।

इसी प्रकार **डॉ.श्री रामचंद्र गुरुजी** के **चक्र ध्यान, स्वयं-सम्मोहन, आकर्षण का नियम और आंतरिक ऊर्जा जागरण संबंधी मार्गदर्शन** ने मन की आंतरिक परतों को एक नए दृष्टिकोण से समझने में सहायता की। उनके उपदेशों ने मन, ऊर्जा और संकल्प के पारस्परिक संबंध पर गहरा चिंतन करने के लिए प्रेरित किया।

मैं अपनी पत्नी **संध्या अशोक** के प्रति विशेष कृतज्ञता व्यक्त करता हूँ। इस पुस्तक के लेखन काल में उनका धैर्य, प्रोत्साहन, विचार-विनिमय और निरंतर सहयोग इस कार्य को पूर्ण करने में अत्यंत सहायक रहा। अनेक अवसरों पर परिवार का शांत सहयोग ही इस लेखन के पीछे मौन शक्ति बनकर खड़ा रहा। साथ ही, **श्री सुमित वर्मा और श्रीमती मीनाक्षी वर्मा** के प्रति भी मैं हार्दिक आभार व्यक्त करता हूँ, जिनके सहयोग, प्रेरणा और सकारात्मक सहभागिता ने इस पुस्तक के निर्माण को और अधिक सुगठित एवं सार्थक बनाने में महत्त्वपूर्ण योगदान दिया।

मैं अपने मित्रों, साधक साथियों, ध्यान-अभ्यास में सहभागी व्यक्तियों तथा उन सभी लोगों का भी आभारी हूँ जिन्होंने जीवन के विभिन्न चरणों में संकल्प से जुड़े अपने अनुभव मेरे साथ साझा किए। उनके अनुभवों ने इस पुस्तक की विचारधारा में जीवन का स्पंदन जोड़ा है।

इस पुस्तक में व्यक्त विचार मेरे व्यक्तिगत अनुभवों, जीवन में देखी घटनाओं, अध्ययन किए गए ग्रंथों, गुरुजनों से प्राप्त मार्गदर्शन और भारतीय परंपरा की अंतर्दृष्टियों से निर्मित हैं।

यह कृति केवल मेरे विचारों का परिणाम नहीं, बल्कि अनेक अनुभवों, प्रेरणाओं और आशीर्वादों का संगम है।

अशोका राव मणिकला

अध्याय 1

संकल्प क्या है? संकल्प की गुप्त शक्ति, मन की आंतरिक विज्ञान और जीवन परिवर्तन का रहस्य

मानव जीवन को थोड़ा गहराई से देखने पर एक महत्त्वपूर्ण सत्य स्पष्ट होता है। जीवन में दिखाई देने वाली प्रत्येक बड़ी उपलब्धि पहले मन में मौन रूप से जन्म लेती है। जब हम एक विशाल वृक्ष को देखते हैं, तब यह नहीं सोचते कि उसका आरम्भ एक छोटे बीज से हुआ था; जब एक भव्य भवन को देखते हैं, तब उसके पीछे बने नक्शे को याद नहीं करते। उसी प्रकार जब किसी व्यक्ति को जीवन में ऊँचाइयों तक पहुँचते देखते हैं, तब बहुत कम लोग यह समझते हैं कि उसके पीछे कभी मन में जन्मा एक दृढ़ निर्णय कार्य कर रहा था। वही मौन आंतरिक निर्णय **संकल्प** है।

मानव जीवन केवल श्वास और दिनचर्या का चक्र नहीं है; यह विचारों की धारा, भावनाओं की लहरें, अनुभवों का संचय, विश्वासों का निर्माण, भीतर के संघर्ष, बाहरी प्रयास और कभी-कभी ईश्वरीय कृपा के कोमल स्पर्श से मिलकर बनी एक समग्र जीवनयात्रा है। जीवन की दिशा केवल बाहर से निर्धारित नहीं होती; वह भीतर जन्म लेने वाले निर्णयों से आकार लेती है।

अनेक लोगों के जीवन में इच्छाएँ होती हैं; पर कुछ लोगों के भीतर संकल्प जन्म लेता है।

इच्छा कहती है: “यदि यह हो जाए तो अच्छा रहेगा।” यहाँ केवल चाह है।

संकल्प कहता है: “यह मेरा मार्ग है; मैं इसे निश्चित समयावधि में प्राप्त कर रहा हूँ।” यहाँ स्पष्टता, लक्ष्य और समयबोध है।

मनुष्य के अंतरमन में छिपी संकल्पशक्ति असाधारण सृजनात्मक क्षमता रखती है। इस पुस्तक में हम संकल्प सिद्धि के रहस्य को समझेंगे और जानेंगे कि इस शक्ति का सही दिशा में उपयोग करके जीवन में सर्वांगीण विकास, शांति, संतुलन, समृद्धि और दिव्य अनुभव कैसे प्राप्त किए जा सकते हैं।

1.1 संकल्प का शब्दार्थ और दार्शनिक अर्थ

“संकल्प” शब्द संस्कृत में गहरा दार्शनिक अर्थ रखता है।

- **सं** का अर्थ है - पूर्णता, समग्रता, शुद्धता

- **कल्प** का अर्थ है - रूप, विचार, निर्णय, आंतरिक निर्माण

इन दोनों का संयुक्त अर्थ है - **पूर्ण मन से निर्मित स्पष्ट, शुद्ध और दृढ़ निर्णय।**

सामान्य इच्छा क्षणिक हो सकती है, पर संकल्प मन में गहराई से स्थापित हो जाता है।

कोई व्यक्ति कहता है:

"मुझे स्वस्थ रहना है।" - यह इच्छा है।

लेकिन यदि वह कहे:

"मैं प्रतिदिन अपने शरीर को स्वस्थ रखते हुए आनंदपूर्वक जीवन जी रहा हूँ।"

तो यह संकल्प है।

इच्छा में चाह होती है; संकल्प में दिशा, निर्णय और गहरा आंतरिक विश्वास होता है।

1.2 संकल्प का पहला बीज - एक शब्द, एक अनुभव, एक आंतरिक चित्र

जीवन की कुछ घटनाएँ जब घटती हैं तब सामान्य लगती हैं; पर समय बीतने के बाद पीछे मुड़कर देखने पर वही घटनाएँ भविष्य की दिशा तय करने वाले महत्त्वपूर्ण मोड़ प्रतीत होती हैं।

अनेक बड़ी उपलब्धियाँ घोषणा से शुरू नहीं होतीं; वे मौन रूप से जन्म लेती हैं:

- **एक शब्द से**
- **एक प्रेरणा से**
- **एक आंतरिक चित्र से**
- **भीतर उठने वाले छोटे विश्वास से**

संकल्प प्रायः बाहरी घोषणा नहीं होता; वह मन में धीरे-धीरे प्रज्वलित होने वाली आंतरिक अग्नि है।

1.3 संकल्प की पहली अनुभूति

बचपन में **"संकल्प"** शब्द का अर्थ ज्ञात न हो, फिर भी मन में उठने वाली यह भावना -

"मुझे जीवन में कुछ करना है"

- संकल्प का प्रारम्भिक रूप ही है।

जैसे बीज मिट्टी में मौन रूप से पड़ा रहता है पर उसके भीतर विशाल वृक्ष की संभावना छिपी रहती है, वैसे ही बचपन के कुछ अनुभव जीवन की आगे की दिशा का अदृश्य आधार बन जाते हैं।

1.4 जिस दिन KSRTC बस रुकी

हाई स्कूल के दिनों में (1975–78) विद्यालय जाना आसान नहीं था। प्रतिदिन लगभग सात किलोमीटर पैदल चलकर स्कूल पहुँचना पड़ता था। उस समय बसें बहुत कम थीं; केवल सरकारी KSRTC बसें चलती थीं, और वे प्रायः यात्रियों से भरी होती थीं, इसलिए सामान्यतः रुकती नहीं थीं। इसलिए अधिकतर दिनों में पैदल ही स्कूल जाना पड़ता था।

एक दिन मैं स्कूल की ओर पैदल जा रहा था। पीछे से बस आने की आवाज़ सुनाई दी। मैं सड़क के किनारे हट गया। पर उस दिन बस मेरे पास आकर रुक गई।

ड्राइवर ने कहा: **"आओ, अंदर बैठो।"**

मैं बस में चढ़ गया। उन्होंने मुझे अपने चालक केबिन में बैठाया।

कुछ देर बाद उन्होंने पूछा: **"पढ़कर आगे क्या बनना चाहते हो?"**

उसी क्षण मेरे मन में मेरे बहनोई का चित्र आया, जो इंजीनियर के रूप में कार्य कर रहे थे।

मैंने उत्तर दिया: **"मैं चीफ इंजीनियर बनना चाहता हूँ।"**

वे मुस्कुराकर बोले: **"बहुत अच्छा। जब तुम चीफ इंजीनियर बनोगे, तब मैं तुम्हारी जीप का ड्राइवर बनकर आऊँगा!"**

वह बात मज़ाक में कही गई थी, पर उसके भीतर गहरा प्रोत्साहन छिपा था। पहली बार मैंने अपने भविष्य को स्पष्ट शब्दों में व्यक्त किया था। **वही मेरे संकल्प की पहली उद्घोषणा थी।**

1.5 वृद्ध महिला के शब्द - एक आंतरिक चित्र की लंबी यात्रा

एक दिन घर आई एक वृद्ध महिला ने मुझे ध्यान से देखा। फिर कहा:

"यह लड़का लगभग पैंतीस वर्ष की आयु में विदेश जाएगा। दूर देश में काम करने का अवसर मिलेगा। बाद में अपने व्यावसायिक जीवन में उच्च पद प्राप्त करेगा।"

उस समय यह बात बहुत दूर के स्वप्न जैसी लगी। फिर भी वे शब्द मन में गहराई से अंकित हो गए और भीतर एक सूक्ष्म संकल्प की तरह बने रहे। आगे चलकर जीवन-यात्रा में वे आश्चर्यजनक रूप

से सत्य सिद्ध हुए। लगभग पैंतीस वर्ष की आयु में मैं मलेशिया गया और वहाँ मुख्य अभियंता के रूप में कार्य किया। बाद में पीजीपी ग्लास तथा एजीआई ग्रीनपैक में मेरी व्यावसायिक यात्रा क्रमशः विकसित होती हुई संचालन प्रमुख के पद तक पहुँची।

कभी-कभी एक शब्द अंतरमन में बीज की तरह रह जाता है और वर्षों बाद संकल्प के रूप में विकसित होता है।

1.6 इन घटनाओं में छिपा संकल्प का पाठ

इन दोनों घटनाओं से एक महत्त्वपूर्ण सत्य स्पष्ट होता है:

कभी-कभी दूसरों के शब्द हमारे भीतर छिपी संभावना को जगाते हैं।

वे शब्द तुरंत परिणाम न दें, फिर भी मन में एक चित्र बना देते हैं।

वह चित्र:

संभावना बनकर रहता है

आंतरिक विश्वास बन जाता है

बाद में संकल्प में बदलता है

1.7 अंतरमन शब्दों को कैसे संचित करता है?

बचपन में सुने कुछ शब्द वर्षों बाद भी क्यों नहीं भूलते?

क्योंकि वे भावना के साथ मन में अंकित होते हैं। अंतरमन भावनात्मक तीव्रता के साथ आए शब्दों को लंबे समय तक सुरक्षित रखता है और अनेक बार हमें जाने बिना उसी दिशा में भीतर से कार्य करता रहता है।

1.8 संकल्प का महत्त्वपूर्ण रहस्य

प्रत्येक महान उपलब्धि पहले मन में चित्र बनती है, फिर जीवन में आकार लेती है।

जीवन की अनेक उपलब्धियाँ बाहरी क्रिया से पहले आंतरिक चित्र के रूप में जन्म लेती हैं। मन पहले एक रूप बनाता है; फिर विचार, भावना, वाणी, व्यवहार और निर्णय उसी दिशा में धीरे-धीरे चलने लगते हैं। यही कारण है कि बड़े साधक पहले अपने लक्ष्य को मन में स्पष्ट रूप से देखते हैं।

एक इंजीनियर भवन निर्माण से पहले उसका नक्शा बनाता है। भवन बाद में बाहर बनता है; उसका पहला निर्माण मन में होता है। उसी प्रकार किसान पहले अपने खेत को हरे रूप में देखता है। विद्यार्थी पहले स्वयं को आत्मविश्वास से परीक्षा लिखते हुए भीतर देखता है। **आधुनिक मनोविज्ञान में इसे दृश्यीकरण (विज़ुअलाइज़ेशन), अर्थात् मन में स्पष्ट आंतरिक चित्र निर्मित करने की प्रक्रिया, कहा जाता है।**

जब मन किसी चित्र को बार-बार देखता है, तब अंतरमन उसे केवल कल्पना नहीं मानता; वह उसे संभव दिशा के रूप में स्वीकार करना शुरू करता है। सरल रूप में यह प्रक्रिया इस प्रकार है:

पहले मन में स्पष्ट चित्र बनता है

फिर उससे जुड़ी भावना उत्पन्न होती है

वह भावना विश्वास बनती है

विश्वास व्यवहार बदलता है

व्यवहार बदलने पर परिणाम बदलते हैं

इसीलिए संकल्प केवल बोलना पर्याप्त नहीं; उसे भीतर अनुभव करना आवश्यक है।

यदि कोई कहता है: **"मैं सफलता की ओर बढ़ रहा हूँ।"** तो उसे भीतर स्वयं को आत्मविश्वास, संतुलन और गरिमा के साथ कार्य करते हुए देखना चाहिए। यह केवल कल्पना नहीं; अंतरमन को दिशा देने की विधि है। लोकप्रिय प्रेरक विचारों में इसे इस प्रकार समझाया जाता है:

जिस भावना को हम बार-बार शक्ति देते हैं, मन उसी दिशा में ध्यान केंद्रित करने लगता है।

इसका अर्थ केवल बैठकर कल्पना करना नहीं; आंतरिक चित्र क्रिया का मार्ग दिखाना चाहिए।

जब भीतर स्पष्ट रूप से अनुभव होता है - "मैं इसे प्राप्त कर रहा हूँ", तब कुछ परिवर्तन स्वयं प्रारम्भ होते हैं:

वाणी में आत्मविश्वास बढ़ता है

निर्णयों में स्पष्टता आती है

अवसरों को पहचानने की क्षमता बढ़ती है

बाधाएँ भय नहीं, प्रक्रिया का भाग लगती हैं

इसे कुछ लोग आंतरिक समन्वय कहते हैं।

संकल्प के लिए तीन आवश्यक तत्व:

भारतीय दर्शन ने इसे बहुत पहले कहा:

यद्भावं तद्भवति

Yad Bhāvam Tad Bhavati

अर्थ: जो भावना मन में गहराई से स्थापित होती है, वही धीरे-धीरे जीवन में रूप लेने लगती है।

इसलिए संकल्प के साथ तीन तत्वों का मिलन आवश्यक है:

- **स्पष्ट आंतरिक चित्र**
- **आंतरिक भावना**
- **निरंतर क्रिया**

आंतरिक चित्र के बिना संकल्प दिशाहीन नाव जैसा है। आंतरिक चित्र सहित संकल्प दिशा ज्ञात यात्रा जैसा है। इस प्रकार प्रत्येक बड़ी उपलब्धि दो बार निर्मित होती है: **पहले मन में, फिर जीवन में।**

मन की शक्ति अत्यंत अद्भुत है। मानव मन केवल सोचने का उपकरण नहीं है; यह दिशा देने वाला, रूप निर्मित करने वाला, प्रेरित करने वाला और जीवन की धारा को भी परिवर्तित कर सकने वाला एक आंतरिक शक्ति-केंद्र है। मन में उत्पन्न एक स्पष्ट विचार धीरे-धीरे भावना बनता है, फिर संकल्प का रूप लेता है, और अंततः कर्म में परिवर्तित होता है। इसलिए मनुष्य का भविष्य अधिकांशतः बाहरी परिस्थितियों से नहीं, बल्कि उसके भीतर उत्पन्न विचारों की गुणवत्ता से निर्मित होता है।

इसके साथ ही इस सृष्टि में भी अपार शक्ति और समृद्धि निहित है। प्रकृति कभी अभाव का स्रोत नहीं होती; वह अनंत संभावनाओं, संपदा, अवसरों और ऊर्जा का भंडार है। समुद्र से जल लेने पर भी जैसे उसका अस्तित्व कम नहीं होता, उसी प्रकार सृष्टि की समृद्धि भी निरंतर प्रवाहित होती रहती है, उसमें किसी प्रकार की कमी नहीं होती।

सृष्टि में अभाव नहीं है; सीमा मनुष्य के विचारों में उत्पन्न होती है।

बहुत से लोग जीवन में छोटे लक्ष्य निर्धारित करते हैं, क्योंकि भीतर संदेह अधिक होता है। परंतु सृष्टि के दृष्टिकोण से छोटा और बड़ा कोई भेद नहीं है; वहाँ केवल अनंत संभावनाएँ हैं।

इसलिए जीवन में लक्ष्य निर्धारित करते समय भय से नहीं, विश्वास से सोचना चाहिए।

जब मन में प्रबल इच्छा उत्पन्न होती है और उसके साथ स्पष्ट संकल्प जुड़ जाता है, तब अंतरमन में एक विशेष आंतरिक गति प्रारम्भ होती है। वह संकल्प केवल व्यक्तिगत इच्छा बनकर नहीं रहता; वह विश्वचेतना से जुड़ने वाला एक सूक्ष्म आह्वान बन जाता है।

अर्थात् शुद्ध मन से किया गया संकल्प विश्वशक्ति को दिया गया एक मौन निर्देश बनकर कार्य करता है।

इस विश्व में अनंत शक्ति है, अनंत अवसर हैं और अनंत समृद्धि है। **परंतु उसे ग्रहण करने के लिए तीन तत्व आवश्यक हैं:**

- **स्पष्ट इच्छा**
- **दृढ़ संकल्प**
- **आंतरिक विश्वासमन की शक्ति और सृष्टि की समृद्धि**

1.8.1 गायत्री मंत्र और विश्वशक्ति से संबंध

ॐ भूर्भुवः स्वः तत्सवितुर्वरेण्यं

भर्गो देवस्य धीमहि

धियो यो नः प्रचोदयात्॥

अर्थः सर्वव्यापक दिव्य प्रकाश हमारी बुद्धि को प्रकाशित करे और सही दिशा में प्रेरित करे।

गायत्री मंत्र का आंतरिक संदेश है:

जब मन शुद्ध होता है, तब निर्णय स्पष्ट होता है; और स्पष्ट संकल्प में शक्ति जुड़ती है।

गायत्री जप के समय मन धीरे-धीरे अशांति से निकलकर एकाग्र होता है। उस समय किया गया संकल्प अंतरमन में अधिक गहराई से उतरता है।

1.8.2 कुछ लोगों को समृद्धि शीघ्र क्यों प्राप्त होती है

बहुत से लोग यह प्रश्न पूछते हैं: **"कुछ लोगों को अवसर जल्दी मिल जाते हैं, जबकि कुछ लोगों को देर क्यों लगती है?"**

इसके पीछे अनेक आंतरिक कारण होते हैं।

1. **भीतर विरोध कम होना**

   कुछ लोग जब संकल्प करते हैं, तो उनके भीतर संदेह कम होता है। इसलिए संकल्प की दिशा में आंतरिक ऊर्जा सहज रूप से प्रवाहित होती है।

2. **भावना और वचन में एकता होना**

   वे जो बोलते हैं, वही भीतर अनुभव भी करते हैं। जब शब्द और भावना एक दिशा में चलते हैं, तब संकल्प अधिक प्रभावी बनता है।

3. **लक्ष्य का स्पष्ट आंतरिक चित्र होना**

   जब लक्ष्य मन में स्पष्ट रूप से दिखाई देता है, तब मन भट्टकता नहीं और दिशा स्थिर बनी रहती है।

4. **कृतज्ञता से भरा मन**

   कृतज्ञ मन अभाव की तुलना में समृद्धि के प्रति अधिक खुला रहता है। ऐसा मन जीवन में उपलब्ध अवसरों को सहजता से स्वीकार करता है।

5. **शुद्ध उद्देश्य**

   जितना स्वार्थ कम होता है, उतना मन का आंतरिक प्रतिरोध घटता है और संकल्प अधिक सहजता से कार्य करता है।

6. **तर्क का अतिरेक कम होना**

   जब मन में अत्यधिक तर्क, संदेह और प्रश्न कम होते हैं, तब संकल्प शीघ्रता से अंतरमन में उतरता है।

1.8.3 संकल्प विश्वशक्ति को कैसे आकर्षित करता है?

जब कोई व्यक्ति भीतर स्पष्ट रूप से अनुभव करता है -

"मैं इसके योग्य हूँ। मैं इसे ग्रहण करने के लिए तैयार हूँ।"

- तब यह केवल एक वाक्य नहीं रहता, बल्कि धीरे-धीरे उसकी आंतरिक चेतना का भाग बन जाता है।

जब यही भावना बार-बार स्थिर होती है, तब व्यक्ति के भीतर सूक्ष्म परिवर्तन प्रारम्भ होते हैं। उसके बोलने का ढंग बदलता है, चलने का आत्मविश्वास बदलता है, निर्णय लेने की क्षमता बदलती है, और अवसरों को देखने की दृष्टि भी बदल जाती है। वह वही संसार देखता है, पर अब उसे पहले से अधिक संभावनाएँ दिखाई देने लगती हैं।

इसी अवस्था में जीवन में नए मार्ग खुलने लगते हैं। कई बार व्यक्ति स्वयं इसे केवल सौभाग्य या संयोग मान लेता है, परंतु भीतर से देखें तो यह लंबे समय तक पोषित संकल्प का परिणाम होता है।

अर्थात् संकल्प किसी बाहरी शक्ति को जादुई रूप से नहीं बुलाता; बल्कि वह व्यक्ति को इस प्रकार भीतर से रूपांतरित करता है कि वह विश्व में पहले से उपस्थित अवसरों से जुड़ने लगता है।

1.8.4 उच्च लक्ष्य क्यों आवश्यक है?

सृष्टि में विद्यमान शक्ति अनंत है। इसलिए मनुष्य के लक्ष्य केवल छोटी सीमाओं में बँधे रहें - ऐसा कोई प्राकृतिक नियम नहीं है।

यदि कोई समुद्र के किनारे जाकर हाथ में एक छोटा पात्र ले जाए, तो वह उतना ही जल ला सकता है; यदि वही व्यक्ति बड़ा पात्र ले जाए, तो अधिक जल ग्रहण कर सकता है। समुद्र में जल की कमी नहीं है; अंतर केवल पात्र की क्षमता में है।

ठीक इसी प्रकार, परमशक्ति की समृद्धि में कोई कमी नहीं है। अंतर इस बात में है कि मनुष्य का विश्वास कितना व्यापक है, उसकी दृष्टि कितनी खुली है, और उसका संकल्प कितना स्पष्ट है।

यदि मन स्वयं को छोटी सीमाओं में बाँध लेता है, तो परिणाम भी सीमित रह जाते हैं। परंतु जब व्यक्ति व्यापक रूप से सोचता है, ऊँचा लक्ष्य निर्धारित करता है, और स्पष्ट संकल्प के साथ आगे बढ़ता है, तब जीवन में नई संभावनाएँ धीरे-धीरे खुलने लगती हैं।

इसका अर्थ केवल बड़ा पद या अधिक धन नहीं है; उच्च लक्ष्य का अर्थ है - अपने भीतर छिपी हुई श्रेष्ठ संभावना को स्वीकार करना।

1.8.5 संकल्प और आंतरिक चित्र की शक्ति

मन शब्दों की तुलना में चित्रों को अधिक शीघ्र ग्रहण करता है। कोई शब्द सुनकर भी मन उसके साथ एक चित्र निर्मित करता है।

मेरे जीवन में भी "मुख्य अभियंता" शब्द केवल एक पदनाम नहीं रहा; वह मन में एक आंतरिक चित्र बन गया। इसी प्रकार "विदेश" का विचार भी भीतर एक दृश्य के रूप में स्थिर हुआ।

जब कोई संकल्प केवल शब्द न रहकर स्पष्ट आंतरिक चित्र बन जाता है, तब वह दिशा प्राप्त करता है।

उदाहरण के लिए:

यदि कोई केवल कहे - **"मैं आगे बढ़ना चाहता हूँ"** तो यह अभी अस्पष्ट है।

पर यदि वह भीतर स्पष्ट रूप से देखे - **"मैं आत्मविश्वास से अपने कार्यस्थल पर उत्तरदायित्व निभा रहा हूँ; लोग मुझ पर विश्वास कर रहे हैं; मेरा कार्य सफलतापूर्वक पूर्ण हो रहा है"** - तो मन उसे अधिक गहराई से स्वीकार करता है।

यही कारण है कि **दृश्यीकरण** (Visualisation) संकल्प को शक्ति देता है। जब शब्द, भावना और आंतरिक चित्र एक दिशा में जुड़ते हैं, तब संकल्प अंतरमन में अधिक गहराई से उतरता है।

1.8.6 संकल्प विश्वशक्ति को कैसे आकर्षित करता है?

जब व्यक्ति भीतर स्पष्ट कहता है: **"मैं इसके योग्य हूँ। मैं इसे स्वीकार करने के लिए तैयार हूँ।"**

और यह भावना स्थिर रहती है, तब उसकी वाणी, निर्णय, व्यवहार और अवसरों को देखने की दृष्टि बदलने लगती है। वहीं नए मार्ग खुलने लगते हैं।

कई बार यह भाग्य जैसा प्रतीत होता है; पर भीतर देखें तो यह लंबे समय से चल रहे संकल्प का परिणाम होता है।

जिस संकल्प के साथ आंतरिक चित्र जुड़ता है, वह दिशा प्राप्त करता है।

1.9 आदि शंकराचार्य का संकल्प - करुणा से जन्मी शक्ति

आदि शंकराचार्य के जीवन में संकल्प की शक्ति को दर्शाने वाली एक प्रसिद्ध घटना मिलती है। एक बार वे भिक्षा के लिए गए और एक अत्यंत गरीब घर के द्वार पर पहुँचे। उस घर की स्त्री ने उन्हें देखा। घर में देने के लिए कुछ भी न होने पर भी उसने प्रेम और श्रद्धा से घर में उपलब्ध एक सूखा आँवला उन्हें अर्पित किया। उस स्त्री की गरीबी देखकर शंकराचार्य के भीतर गहरी करुणा जागी। उन्होंने मन में उस घर में स्वर्ण आँवलों की वर्षा का चित्र धारण किया, अंतरमन से संकल्प किया और **कनकधारा स्तोत्र** का पाठ किया। परंपरा के अनुसार श्री लक्ष्मी की कृपा से उस घर में स्वर्ण आँवलों की वर्षा हुई और उस स्त्री की दरिद्रता दूर हुई।

इस घटना से हमें यह शिक्षा मिलती है कि करुणा, शुद्धता और आंतरिक निष्ठा से उत्पन्न संकल्प असाधारण शक्ति धारण करता है।

1.10 भगीरथ का महा-संकल्प - दीर्घकालिक निर्णय की शक्ति

राजा भगीरथ की कथा भारतीय परंपरा में संकल्प की शक्ति का अत्यंत स्पष्ट उदाहरण है। पौराणिक कथा के अनुसार उनके पूर्वजों को मुक्ति दिलाने के लिए आवश्यक था कि स्वर्ग में स्थित माँ गंगा पृथ्वी पर उतरे और उनके अवशेषों को स्पर्श करे।

यह सामान्य कार्य नहीं था। आकाश से गंगा को पृथ्वी पर लाना असंभव जैसा प्रतीत होता था। फिर भी भगीरथ ने इसे असंभव नहीं माना। उनके भीतर एक अटल संकल्प जन्मा:

"माँ गंगा को पृथ्वी पर लाना ही है।"

यह केवल भावनात्मक इच्छा नहीं थी; यह जीवन का ध्येय बन गया।

उन्होंने दीर्घकाल तक तप किया, देवताओं से प्रार्थना की और मन को एक ही लक्ष्य पर स्थिर रखा। अंततः गंगा पृथ्वी पर उतरने को तैयार हुई। पर एक नई चुनौती सामने आई - उसके प्रचंड वेग को पृथ्वी सह नहीं सकती थी।

तब भगीरथ ने पुनः तप किया और शिवजी की कृपा प्राप्त की। शिव ने गंगा को अपनी जटाओं में धारण कर उसके प्रवाह को नियंत्रित किया और धीरे-धीरे पृथ्वी पर प्रवाहित होने दिया।

इस घटना में संकल्प का बड़ा पाठ छिपा है:

संकल्प को समय चाहिए

संकल्प को धैर्य चाहिए

संकल्प को बार-बार आंतरिक शक्ति चाहिए

बड़े लक्ष्य के लिए निरंतर मानसिक एकाग्रता चाहिए

आज भी किसी कठिन और दीर्घ प्रयास को लोग **"भगीरथ प्रयास"** कहते हैं।

अर्थ स्पष्ट है - असंभव प्रतीत होने वाला कार्य भी निरंतर संकल्प से संभव हो सकता है।

1.11 ध्रुव का दृढ़ संकल्प - आयु नहीं, मन की स्थिरता महत्त्वपूर्ण है

ध्रुव बालक थे, पर उनके मन की स्थिरता, दृढ़ निश्चय और आत्मबल असाधारण था। राजकुमार होकर भी उन्हें बचपन में अपमान और अस्वीकार का अनुभव हुआ।

जब वे अपने पिता राजा उत्तानपाद की गोद में बैठना चाहते थे, तब सौतेली माता सुरुचि ने उन्हें रोककर कहा:

"तुम मेरे गर्भ से जन्मे नहीं हो; इसलिए इस स्थान के अधिकारी नहीं हो। यदि ईश्वर की कृपा से पुनर्जन्म लेकर आओ, तभी यह सम्मान मिलेगा।"

यह वचन बालक ध्रुव के मन में गहरे उतर गया।

सामान्यतः एक बालक रो सकता था, निराश हो सकता था; पर ध्रुव के भीतर वही पीड़ा प्रेरणा बन गई।

उन्होंने अपनी माता सुनीति से यह बात कही। माता ने उन्हें बताया:

"सच्चा स्थायी सम्मान केवल भगवान की कृपा से मिलता है।"

यही वचन उनके भीतर संकल्प का बीज बन गया।

ध्रुव महल छोड़कर वन की ओर चले गए। उनका लक्ष्य स्पष्ट था - ईश्वर का साक्षात्कार और शाश्वत स्थान प्राप्त करना। मार्ग में देवर्षि नारद मिले। उन्होंने पहले ध्रुव को समझाने का प्रयास किया, पर जब उनकी अडिगता देखी, तब मंत्र दिया: **ॐ नमो भगवते वासुदेवाय** और ध्यान की विधि सिखाई। ध्रुव ने कठोर तप किया। पहले फल खाए, फिर भोजन घटाया, अंततः श्वास तक नियंत्रित कर ली। उनका मन एक ही लक्ष्य पर स्थिर हो गया। पौराणिक वर्णनों में कहा गया है कि उनके तप की शक्ति से तीनों लोकों में कंपन उत्पन्न हुआ। अंततः भगवान विष्णु उनके समक्ष प्रकट हुए। उस

क्षण ध्रुव का संकल्प मात्र इच्छा-पूर्ति का विषय नहीं रहा; उनका अंतरमन दिव्य साक्षात्कार से गहराई से रूपांतरित हो चुका था। उन्होंने भौतिक पद नहीं माँगा। भगवान ने उनकी स्थिरता, एकाग्रता और भक्ति को देखकर आकाश में अचल स्थान प्रदान किया - **ध्रुव तारा**।

यह कथा हमें बताती है: अपमान, पीड़ा या बाधाएँ जीवन को तोड़ने के लिए नहीं; वे संकल्प की शक्ति बन सकती हैं।

ध्रुव की साधना सिखाती है:

दृढ़ संकल्प

गुरु मार्गदर्शन

धैर्य

एकाग्रता

दैवी भक्ति

जब एक साथ आते हैं, तब असंभव भी संभव होता है।

संकल्प की शक्ति आयु से नहीं, मन की एकाग्रता से निर्धारित होती है।

1.12 संस्कृत का प्रकाश

श्रीमद्भगवद्गीता संकल्प के आंतरिक तत्त्व को अत्यंत स्पष्ट रूप से व्यक्त करती है:

उद्धरेदात्मनात्मानं नात्मानमवसादयेत् ।

आत्मैव ह्यात्मनो बन्धुरात्मैव रिपुरात्मनः ॥

अर्थ:

मनुष्य को स्वयं अपने द्वारा ऊपर उठना चाहिए; स्वयं को नीचे नहीं गिराना चाहिए। क्योंकि मन ही उसका मित्र बन सकता है और वही शत्रु भी।

यह श्लोक बताता है कि जीवन को ऊपर उठाने वाली पहली गति बाहर से नहीं, भीतर से आरम्भ होती है।

1.13 एक और संस्कृत सूत्र

भारतीय दर्शन में भावना को अत्यंत महत्त्व दिया गया है:

यद्भावं तद्भवति

अर्थ: जो भावना मन में गहराई से बैठती है, वही धीरे-धीरे जीवन में रूप लेने लगती है।

अर्थात्:

भय को बार-बार पोषित करें तो भय गहरा होता है

विश्वास बढ़ाएँ तो आंतरिक शक्ति बढ़ती है

संकल्प को बार-बार मन में स्थापित करें तो जीवन उसी दिशा में चलने लगता है

1.14 संकल्प और दृश्यांकन / दृश्यीकरण (Visualisation)

अंतरमन शब्दों से अधिक चित्रों को शीघ्र स्वीकार करता है। इसलिए दृश्यांकन संकल्प का अत्यंत शक्तिशाली साधन है।

विद्यार्थी स्वयं को आत्मविश्वास से परीक्षा लिखते हुए देख सकता है

किसान अपने खेत को समृद्ध फसल से भरा हुआ देख सकता है

पेशेवर व्यक्ति स्वयं को उत्तरदायित्वपूर्ण पद पर कार्य करते हुए देख सकता है

आंतरिक चित्र संकल्प को दिशा देता है।

1.15 संकल्प और प्रार्थना

संकल्प दिशा देता है; प्रार्थना उस दिशा में कोमल शक्ति जोड़ती है।

यदि संकल्प निर्णय है, तो प्रार्थना समर्पण है।

संकल्प में मन की शक्ति है; प्रार्थना में हृदय की कोमलता।

जब दोनों मिलते हैं, तब भीतर का दबाव घटता है और विश्वास बढ़ता है।

1.16 अध्याय का अंतिम संदेश

जीवन की प्रारम्भिक छोटी घटनाएँ अनेक बार बड़ी उपलब्धियों के प्रथम संकेत होती हैं।

एक बस का रुकना, एक चालक के शब्द, एक वृद्ध महिला की भविष्यवाणी - ये घटनाएँ अलग-अलग दिखती हैं; पर वे अंतरमन में रहकर एक आंतरिक चित्र बना सकती हैं।

वही चित्र धीरे-धीरे संकल्प बनता है।

संकल्प बाहर बोले गए शब्द से आरम्भ हो सकता है; पर जब वह अंतरमन में जड़ पकड़ लेता है, तब जीवन को बदल देता है।

अध्याय 2

मेरे जीवन में संकल्प सिद्धि की समझ

अनुभव, गुरु-प्रभाव, आंतरिक जागृति और जीवन में दिखाई दी संकल्प की कार्यशक्ति

2.1 कुछ घटनाओं का आंतरिक अर्थ बाद में ही समझ में आता है

मनुष्य के जीवन में कुछ घटनाएँ जब घटती हैं, तब वे सामान्य प्रतीत होती हैं। परंतु वर्षों बाद पीछे मुड़कर देखने पर धीरे-धीरे स्पष्ट होता है कि उनमें कोई गहरा आंतरिक नियम कार्य कर रहा था। जब मैं अपने जीवन के अनेक चरणों को स्मरण करता हूँ, तो यही अनुभव बार-बार सामने आता है।

बचपन में सुने कुछ शब्द, युवावस्था में मन के भीतर बने कुछ स्पष्ट निर्णय, व्यावसायिक जीवन में असंभव लगने वाले कुछ अवसर, और कठिन समय में अपेक्षा से अधिक सहज रूप से प्राप्त हुए कुछ समाधान - ये सब अलग-अलग घटनाएँ दिखाई देती हैं; पर इनके पीछे एक सूक्ष्म सूत्र कार्य कर रहा था। वह था संकल्प की मौन कार्यशक्ति।

जीवन की अनेक उपलब्धियाँ बाहर से केवल परिश्रम का परिणाम लगती हैं; किंतु भीतर देखें तो वे पहले मन में एक स्पष्ट चित्र के रूप में जन्म ले चुकी होती हैं।

2.2 संकल्प सिद्धि के विषय में गुरुओं से प्राप्त अनुभव

पिछले तीन वर्षों से मैं **श्री गोपालकृष्ण भट्ट गुरुजी** के मार्गदर्शन में **सर्वसमृद्धि योगनिद्रा परिवार** की संकल्पशक्ति और ध्यान कक्षाओं में नियमित रूप से उपस्थित हो रहा हूँ।

इन कक्षाओं में सुने गए अनुभवों ने मुझे बहुत गहराई से सोचने के लिए प्रेरित किया। यहाँ संकल्प को केवल आध्यात्मिक शब्द के रूप में नहीं बताया जाता, बल्कि जीवन में घटी वास्तविक घटनाओं के माध्यम से समझाया जाता है।

प्रत्येक कक्षा में अनेक लोग अपने अनुभव साझा करते हैं:

लंबे समय से चली आ रही स्वास्थ्य समस्या का धीरे-धीरे कम होना

जो ऋण वापस मिलने की आशा नहीं थी, उसका लौट आना

रोजगार प्राप्त होना

परिवार में असंतोष कम होना

जीवन का बड़ा लक्ष्य पूरा होना

आर्थिक स्थिति में सुधार होना

इन अनुभवों को सुनते-सुनते मेरे भीतर एक प्रश्न और गहरा होता गया:

क्या मन के भीतर किया गया संकल्प सचमुच जीवन की दिशा बदल सकता है?

2.3 दूसरों के अनुभवों ने एक नया दृष्टिकोण दिया

गुरुजनों के शिष्यों के अनुभव सुनने के बाद मैंने अपने ही जीवन को पुनः देखना आरम्भ किया।

बचपन की कुछ घटनाएँ स्मरण में आईं। हाईस्कूल के दिनों की एक छोटी घटना, एक वृद्ध महिला के शब्द, युवावस्था में लिए गए कुछ निर्णय - ये सब वर्षों बाद वास्तविक रूप में सामने आए।

तब धीरे-धीरे यह समझ स्पष्ट हुई:

जीवन में जो अनेक बातें मैंने प्राप्त कीं, उनके पीछे पहले एक मौन आंतरिक चित्र अवश्य था।

2.4 मलेशिया में सीखा दृश्यांकन का पाठ

सन् 2003 में मलेशिया में **मायावी बालमुरुगन गुरुजी** के **"सुपर कॉन्शस पावर"** कार्यक्रम में भाग लेने का अवसर मुझे प्राप्त हुआ। उस प्रशिक्षण में पहली बार मुझे दृश्यांकन (विज़ुअलाइज़ेशन) की शक्ति स्पष्ट रूप से समझाई गई। उन्होंने अत्यंत सरल किंतु गहन शब्दों में कहा: **"जिस जीवन को आप चाहते हैं, उसे पहले मन में स्पष्ट रूप से देखिए।"**

उन्होंने जो विधि समझाई, वह अत्यंत सरल किंतु प्रभावशाली थी:

- **लक्ष्य को भविष्य की आकांक्षा के रूप में नहीं, बल्कि मानो वह पहले ही घटित हो चुका है - इस प्रकार अनुभव करना।**
- **उसे प्रतिदिन अंतरमन में दोहराना।**

- **उससे जुड़ी भावना को भीतर अनुभव करना।**
- **मन में उठने वाले संदेह और अत्यधिक तर्क को धीरे-धीरे कम करना।**

यह विधि मेरे मन को गहराई से स्पर्श कर गई।

2.5 बाद में देखी गई पुस्तकें और चित्र

कुछ वर्षों बाद जब मैंने "द रहस्य" नामक वृत्तचित्र (डॉक्यूमेंटरी) देखा, तब यही सिद्धांत मेरे सामने और अधिक स्पष्ट रूप में उभरकर आया। उसमें दिया गया मुख्य संदेश था: बाद में मैंने कुछ पुस्तकें पढ़ीं, जिन्होंने इसी विचार को और मजबूत किया:

The Power of Your Subconscious Mind

Think and Grow Rich

The Magic of Thinking Big

You Can Win

इन सभी पुस्तकों में एक ही सिद्धांत बार-बार प्रकट होता है:

मन के भीतर के विचार धीरे-धीरे व्यक्तित्व को गढ़ते हैं; व्यक्तित्व निर्णयों को बनाता है; और निर्णय जीवन की दिशा बदलते हैं।

इसी प्रकार **बी.के.शिवानी** की पुस्तक **"एक विचार की शक्ति"** ने भी मुझे संकल्पशक्ति को और अधिक गहराई से समझने के लिए प्रेरित किया। उनका मुख्य संदेश यह था:

एक शुद्ध विचार यदि बार-बार मन में स्थिर हो जाए, तो उसमें अंतरमन की दिशा बदलने की शक्ति होती है। यह विचार संकल्प के तत्त्व से अत्यंत गहराई से जुड़ता है।

2.6 भारतीय संस्कृति में यह महान सत्य पहले से विद्यमान है

इन सबको पढ़ने, सुनने और अनुभव करने के बाद मेरे भीतर धीरे-धीरे एक महत्त्वपूर्ण समझ बनी - यह सिद्धांत पश्चिमी दुनिया में उत्पन्न कोई नई अवधारणा नहीं है; यह भारतीय परंपरा में बहुत गहराई से स्थापित एक प्राचीन सत्य है। हमारी भारतीय परंपराओं में **संकल्प** का स्थान अत्यंत महत्त्वपूर्ण है।

प्रत्येक पूजा के आरम्भ में संकल्प बोला जाता है

प्रत्येक यज्ञ से पहले संकल्प किया जाता है

मंदिर पूजा में भी संकल्प एक अविभाज्य अंग है

इसका अर्थ है कि भारतीयों ने मन की शक्ति के महत्त्व को हजारों वर्ष पहले ही समझ लिया था। किसी भी कार्य से पहले मन में लक्ष्य को स्पष्ट करना, उस कार्य को आंतरिक शक्ति प्रदान करता है - यह सिद्धांत हमारी संस्कृति की जड़ में विद्यमान है।

2.7 "केवल परिश्रम ही पर्याप्त है" - यह धारणा इतनी गहरी कैसे हुई?

हमारे समाज में परिश्रम के महत्त्व को बताने वाले अनेक वचन गहराई से स्थापित हैं:

"कार्य ही पूजा है"

"हाथ गंदे हों तो मुख में दही" (अर्थात श्रम से ही फल मिलता है)

"उद्योग ही उद्धार है"

"बूंद-बूंद से तालाब भरता है"

ये सभी वचन परिश्रम का महत्त्व स्पष्ट करते हैं; इसमें कोई त्रुटि नहीं। परिश्रम के बिना उपलब्धि संभव नहीं - यह जीवन का मूल सत्य है। किन्तु समय के साथ हमारी सामाजिक सोच में एक सूक्ष्म असंतुलन विकसित होने लगा। विशेषतः शिक्षा व्यवस्था में आए परिवर्तनों ने इस दृष्टिकोण को और गहरा कर दिया। पूर्वकाल की **गुरुकुल परंपरा** में शिक्षा केवल बाहरी विषयज्ञान तक सीमित नहीं थी; उसमें शामिल थे:

मन का अनुशासन

एकाग्रता

ध्यान

आत्मसंयम

संकल्पशक्ति

आंतरिक जागरूकता

विद्यार्थी को बाहरी ज्ञान के साथ-साथ आंतरिक शक्ति को पहचानने का अभ्यास भी दिया जाता था।

किन्तु धीरे-धीरे शिक्षा नीतियाँ बदलीं। पाठ्यक्रमों में बाहरी विषयज्ञान को अधिक महत्त्व मिला। परीक्षाएँ, अंक, करियर और बाहरी उपलब्धियाँ केंद्र में आ गईं।

फलस्वरूप:

मन की शक्ति

विचारों का प्रभाव

ध्यान

संकल्प

आंतरिक अनुशासन

इन सबके प्रति पारंपरिक ज्ञान मुख्यधारा से दूर होने लगा।

गुरुकुलों की संख्या कम होने के साथ मन के प्रशिक्षण की संस्कृति भी कमज़ोर हुई। परिणामस्वरूप समाज में यह धारणा गहरी हुई: **सफलता के लिए केवल परिश्रम पर्याप्त है; मन की शक्ति या संकल्प का अलग महत्त्व नहीं।**

किन्तु भारतीय दर्शन इस दृष्टिकोण को पूर्णतः स्वीकार नहीं करता।

वह स्पष्ट कहता है: **संकल्प के बिना परिश्रम दिशाहीन श्रम बन सकता है।**

यदि परिश्रम शक्ति है, तो संकल्प उसकी दिशा है। दिशा के बिना शक्ति बहुत प्रयत्न के बाद भी कम परिणाम दे सकती है; पर स्पष्ट संकल्प जुड़ने पर वही परिश्रम लक्ष्य की ओर प्रभावी रूप से बढ़ता है।

अर्थात; **परिश्रम और संकल्प विरोधी नहीं; वे एक-दूसरे के पूरक हैं। एक बाहरी गति है, दूसरा आंतरिक दिशा। जब दोनों मिलते हैं, तब उपलब्धि स्थिर होती है।**

2.7.1 संकल्प और मनशक्ति का महत्त्व

संस्कृत का एक प्राचीन श्लोक मन की इसी शक्ति को अत्यंत गहराई से व्यक्त करता है:

मन एव मनुष्याणां कारणं बन्धमोक्षयोः।

बन्धाय विषयासक्तं मुक्त्यै निर्विषयं स्मृतम्॥

अर्थः मनुष्य के बन्धन और मुक्ति दोनों का कारण मन ही है। विषयों में आसक्त मन बन्धन की ओर ले जाता है; शुद्ध, एकाग्र और नियंत्रित मन मुक्ति का मार्ग खोलता है।

व्याख्याः मानव जीवन में बाहरी परिस्थितियों से अधिक प्रभाव भीतर की मानसिक अवस्था का होता है। यदि मन चंचल, अशांत या लक्ष्यहीन हो, तो परिश्रम के बाद भी पूर्ण फल नहीं मिलता।

इसलिए संकल्प का पहला आधार है:

मन की शुद्धता

दिशा की स्पष्टता

2.7.2 दृढ़ संकल्प और परिश्रम का महत्त्व

एक अन्य प्राचीन संस्कृत श्लोक कहता है:

उद्यमेन हि सिद्ध्यन्ति कार्याणि न मनोरथैः।

न हि सुप्तस्य सिंहस्य प्रविशन्ति मुखे मृगाः॥

अर्थः कार्य परिश्रम से सिद्ध होते हैं, केवल कल्पना से नहीं। सोए हुए सिंह के मुख में मृग स्वयं प्रवेश नहीं करते।

व्याख्याः संकल्प केवल मानसिक निर्णय नहीं होना चाहिए; उसे कर्म में उतरना आवश्यक है।

केवल इच्छा रखने से फल नहीं मिलता; परिश्रम आवश्यक है।

किन्तु परिश्रम को दिशा देने वाला तत्व संकल्प ही है।

जब संकल्प जुड़ता है, तब परिश्रम फलदायी बनता है।

लेकिन धीरे-धीरे समाज में यह धारणा अधिक प्रबल हुई कि केवल परिश्रम ही पर्याप्त है।

2.7.3 संकल्प, वाणी और कर्म की एकता

प्राचीन संस्कृत श्लोक कहता है:

यथा चित्तं तथा वाचा।

यथा वाचस्तथा क्रिया।

चित्ते वाचि क्रियायां च।

साधूनामेकरूपता॥

अर्थः जैसा मन, वैसी वाणी; जैसी वाणी, वैसा कर्म। मन, वाणी और कर्म एक हो जाएँ तो सिद्धि संभव होती है।

व्याख्या: यदि मन में लक्ष्य हो, पर वाणी में निराशा व्यक्त हो, या कर्म में शिथिलता हो, तो संकल्प दुर्बल हो जाता है।

जब:

मन

वाणी

कर्म

एक ही दिशा में प्रवाहित होते हैं, तब संकल्प मौन शक्ति से उपलब्धि में बदलता है।

यही **काया, वाचा, मनसा** की एकता है।

2.7.4 गीता का शक्तिशाली संकल्प संदेश

भगवद्गीता में कहा गया है:

व्यवसायात्मिका बुद्धिरेकेह कुरुनन्दन।

बहुशाखा ह्यनन्ताश्च बुद्धयोऽव्यवसायिनाम्॥

अर्थः दृढ़ निश्चययुक्त बुद्धि एक दिशा में चलती है; अस्थिर बुद्धि अनेक दिशाओं में बिखर जाती है।

व्याख्या: यह संदेश संकल्प का सार अत्यंत स्पष्ट रूप से बताता है।

दृढ़ संकल्पयुक्त मन परिश्रम को सही दिशा देता है।

यदि मन बिखरा हो, तो श्रम अधिक होने पर भी फल कम हो सकता है; पर जब मन एक लक्ष्य पर स्थिर हो जाए, तो प्रत्येक प्रयास उपलब्धि में बदलने लगता है।

2.8 संकल्प + ज्ञान + परिश्रम + अनुग्रह = समृद्धि सिद्धि

एक किसान जब खेत में बीज डालता है, तब उसके भीतर फसल आने का विश्वास होता है - **यही संकल्प है।**

वह उचित ऋतु और सही समय का चयन करता है - **यही ज्ञान है।**

वह उत्तम बीज बोकर नियमित श्रम करता है - **यही परिश्रम है।**

फिर समय पर वर्षा होती है, प्रकृति सहयोग देती है और फसल लहलहाकर उगती है - **यही अनुग्रह है।**

इन चारों के संतुलित मिलन से ही समृद्ध फसल प्राप्त होती है।

2.9 हैदराबाद में पुत्र की बीमारी - संकट की घड़ी में संकल्प का गहरा अनुभव

सन् 2011 में जब मैं **हैदराबाद** में कार्यरत था, तब हमारे परिवार ने एक अत्यंत गंभीर और चिंताजनक समय का सामना किया। मेरे पुत्र को तेज संक्रामक ज्वर हुआ और उसे अस्पताल में भर्ती करना पड़ा। मेरी पत्नी अस्पताल में उसके साथ रहकर उसकी देखभाल कर रही थीं। उसी समय कारखाने में अत्यावश्यक कार्य होने के कारण मैं अस्पताल से लगभग 45 किलोमीटर दूर फैक्टरी में था। अस्पताल में भर्ती होने के तीसरे दिन दोपहर में मेरी पत्नी का अत्यंत चिंतित फोन आया। उनकी आवाज़ में भय स्पष्ट था। वे रोते हुए बोलीं कि पुत्र की स्थिति गंभीर है और डॉक्टरों ने तुरंत आने को कहा है।

उस क्षण मन स्वाभाविक रूप से विचलित हुआ। मैं तुरंत चालक के साथ कार से अस्पताल के लिए निकल पड़ा। किन्तु यात्रा आरम्भ होने के कुछ ही क्षण बाद भीतर एक दूसरी शक्ति जागी - वह भय नहीं थी; वह समर्पण से उत्पन्न संकल्प था। बचपन से ही मेरी **हनुमानजी** के प्रति विशेष श्रद्धा रही है। इसलिए कार में बैठकर मैंने 108 बार **हनुमान मंत्र** का जप करना प्रारम्भ किया। जप के साथ मन में स्पष्ट संकल्प रखा:

"मेरा पुत्र पूर्णतः स्वस्थ है।"

उसी क्षण मन में एक जीवंत दृश्य उभरा - जैसे **रामायण** में **हनुमानजी** संजीवनी लेकर आए थे, उसी प्रकार हनुमानजी की दिव्य शक्ति औषधि के रूप में मेरे पुत्र को जीवनशक्ति प्रदान कर रही है।मन में स्पष्ट चित्र बन गया:

- **वह धीरे-धीरे सामान्य हो रहा है**
- **उसकी श्वास स्थिर हो रही है**
- **डॉक्टर शांत भाव से खड़े हैं**

यात्रा के आधे मार्ग में पत्नी का पुनः फोन आया। इस बार उनकी आवाज़ पूर्णतः बदली हुई थी। उन्होंने कहा:

"अब स्थिति सामान्य है; डॉक्टर कह रहे हैं कि चिंता की आवश्यकता नहीं है; सब नियंत्रण में है। आप धीरे-धीरे आइए।"

उस क्षण मेरे भीतर एक स्पष्ट अनुभूति हुई: **जब पूर्ण समर्पण, दृढ़ विश्वास और जीवंत दृश्यांकन एक साथ जुड़ते हैं, तब अंतरमन की शक्ति आश्चर्यजनक रूप से कार्य करती है।**

उस दिन संकल्प की शक्ति मेरे लिए केवल एक सिद्धांत नहीं रही; वह एक जीवंत अनुभव बन गई।

2.10 चारधाम यात्रा - स्पष्ट संकल्प और दैवी सहायता का अनुभव

सन् 2024 में हम चार संबंधी मिलकर उत्तर भारत की पवित्र **चारधाम यात्रा** पर निकले। इस यात्रा में यमुनोत्री, गंगोत्री, केदारनाथ मंदिर और बद्रीनाथ मंदिर के दर्शन हमारा उद्देश्य था। यात्रा पर निकलने से पहले ही मैंने भीतर स्पष्ट संकल्प किया:

"यात्रा का प्रत्येक चरण सुगमता से पूर्ण हो चुका है; सभी पवित्र स्थलों पर शांतिपूर्ण और श्रेष्ठ दर्शन प्राप्त हुए हैं; हमने यह यात्रा आनंदपूर्वक पूर्ण कर ली है।"

मैंने इस संकल्प को केवल इच्छा के रूप में नहीं, बल्कि पहले से पूर्ण हो चुके अनुभव की तरह मन में धारण किया। प्रत्येक स्थान पर सहज पहुँच, शांत दर्शन और संपूर्ण यात्रा की सुगमता का चित्र बार-बार भीतर देखता रहा। आश्चर्य की बात यह रही कि अत्यधिक भीड़ और प्रतिकूल

मौसम के बावजूद यात्रा के सभी चरण स्वाभाविक रूप से सुचारु रूप से सम्पन्न हुए। भीड़ होने पर भी प्रत्येक स्थल पर हमें संतोषजनक और शांतिपूर्ण दर्शन प्राप्त हुए।

सबसे गहरा अनुभव केदारनाथ मंदिर में हुआ। वहाँ अत्यधिक भीड़ थी और दर्शन के लिए कई घंटों की प्रतीक्षा अपेक्षित थी। उसी समय हमारे वापसी हेलिकॉप्टर का समय पहले से निर्धारित था, इसलिए सामान्य पंक्ति में प्रतीक्षा करना कठिन लग रहा था। हम लौटने पर विचार कर रहे थे।

उसी समय अप्रत्याशित रूप से मंदिर के एक वृद्ध पुजारी वहाँ दिखाई दिए। हमने अपनी स्थिति विनम्रतापूर्वक बताई और यदि संभव हो तो सहायता का निवेदन किया। उन्होंने परिस्थिति समझी और विशेष दर्शन की व्यवस्था में सहायता की। उनकी सहायता से लगभग एक घंटे के भीतर हमें विशेष प्रवेश प्राप्त हुआ। हम शांतिपूर्वक भीतर गए, शिवदर्शन किया, और साथ ही शिवलिंग पर अभिषेक सेवा करने का अवसर भी मिला। उस क्षण हमारे भीतर एक गहरी अनुभूति स्पष्ट हुई:

जब स्पष्ट संकल्प, शांत विश्वास और दैवी समर्पण एक साथ जुड़ते हैं, तब सहायता अनेक बार अप्रत्याशित रूप में सामने आती है।

उस यात्रा के बाद मेरे भीतर यह सत्य और अधिक दृढ़ हो गया:

संकल्प केवल मन की इच्छा नहीं है; यह दैवी सहयोग को आमंत्रित करने वाली एक आंतरिक सहमति है।

2.11 व्यावसायिक जीवन की प्रगति

पिरामल ग्लास और एजीआई ग्रीनपैक में कार्य करते हुए जब उच्च उत्तरदायित्व एक-एक करके प्राप्त होते गए, तब पीछे मुड़कर देखने पर मुझे स्पष्ट रूप से समझ आया:

बड़ी जिम्मेदारी पहले मन के भीतर स्वीकार की जाती है; उसके बाद ही वह बाहरी वास्तविकता का रूप लेती है।

2.12 डॉ. श्री रामचंद्र गुरुजी का प्रभाव

कुछ महीनों पहले मुझे डॉ. श्री रामचंद्र गुरुजी की ऑनलाइन कक्षाओं में सम्मिलित होने का अवसर मिला। जीवन के विषय में उनकी शिक्षाएँ मुझे अत्यंत गहराई से स्पर्श कर गईं।

उन्होंने निम्न विषयों पर जो गहन समझ दी, उसने मेरे भीतर "संकल्प सिद्धि रहस्य" पुस्तक लिखने के उद्देश्य को और अधिक दृढ़ किया:

- **सात शरीर**
- **सात दृष्टियाँ**
- **जीवन का उद्देश्य**
- **संकल्पों की आंतरिक संरचना**

उनसे प्राप्त ज्ञान ने संकल्प सिद्धि के प्रति मेरी दृष्टि को और अधिक स्पष्ट, व्यापक और गहन बना दिया।

2.13 श्री गुलुगुली शंकरेश्वर मंदिर का अनुभव

29 मार्च 2026 को मैं और कुछ सहयात्री गोपालकृष्ण भट्ट गुरुजी के एडवांस्ड मेडिटेशन कोर्स के लिए शिवमोग्गा के निकट जा रहे थे। मार्ग में **श्री गुलुगुली शंकरेश्वर मंदिर** की ओर संकेत करने वाला एक बोर्ड दिखाई दिया। प्रारम्भ में कार्यक्रम के समय को ध्यान में रखकर हम आगे बढ़ गए, पर कुछ किलोमीटर बाद भीतर मंदिर जाने की तीव्र प्रेरणा जागी। सभी की सहमति से वाहन वापस मोड़ दिया गया।

जब हम मंदिर पहुँचे, तब लगभग दोपहर के 3 बजे थे। उसी समय पुजारी मंदिर के द्वार खोल रहे थे। उस क्षण ऐसा लगा मानो यह आगमन किसी विशेष अनुभव के लिए ही नियत था।

पूजा के समय एक बात मेरे मन में गहराई से अंकित हो गई। पुजारी संकल्प को केवल भविष्य की कामना के रूप में नहीं, बल्कि पहले से पूर्ण हुई वास्तविकता की तरह उच्चारित करा रहे थे।

उदाहरण के लिए: **"कार्य सफल हो"** कहने के स्थान पर वे इस प्रकार कहलवा रहे थे:

- **कार्य सफलतापूर्वक सम्पन्न हुआ है**
- **बाधाएँ दूर हो चुकी हैं**
- **अभिलाषा पूर्ण हो चुकी है**

यह विधि मुझे अत्यंत गहराई से स्पर्श कर गई, क्योंकि इससे स्पष्ट हुआ कि भारतीय आध्यात्मिक परंपरा संकल्प को भविष्य की प्रतीक्षा के रूप में नहीं, बल्कि मन में पहले से स्वीकृत वास्तविकता के रूप में ग्रहण करती है।

उसी क्षण भीतर यह सत्य स्पष्ट हुआ:

जब मन किसी स्थिति को वास्तविकता के रूप में स्वीकार कर लेता है, तब उसकी आंतरिक शक्ति उसी दिशा में कार्य करना आरम्भ कर देती है।

2.14 स्वामी विवेकानंद के जीवन से सीखा गया पाठ

स्वामी विवेकानंद ने जीवन केवल व्यक्तिगत उपलब्धि के लिए नहीं जिया। उनके भीतर यह महान संकल्प था कि भारत की आध्यात्मिक संपदा विश्व तक पहुँचे।

अपने गुरु **रामकृष्ण परमहंस** की प्रेरणा से उन्होंने भारतीय आत्मतत्त्व को विश्वमंच पर स्थापित करने का निश्चय किया।

विश्व धर्म संसद में उनका भाषण केवल शब्दों का प्रभाव नहीं था; वह दीर्घकाल तक भीतर धारण किए गए संकल्प की शक्ति की अभिव्यक्ति था। उनका जीवन यह दर्शाता है कि एक दृढ़ संकल्प व्यक्ति को विश्वमंच तक पहुँचा सकता है।

2.15 डॉ. ए. पी. जे. अब्दुल कलाम से सीखा गया पाठ

डॉ. ए. पी. जे. अब्दुल कलाम ने बचपन में आकाश में उड़ते पक्षियों को देखकर अपने भीतर एक बड़ा स्वप्न संजोया। परंतु उन्होंने उस स्वप्न को केवल कल्पना बनकर नहीं रहने दिया; उसे स्पष्ट लक्ष्य में परिवर्तित किया। साधारण परिस्थितियों में पले-बढ़े होने पर भी विज्ञान के क्षेत्र में राष्ट्र को योगदान देने का उनका संकल्प उन्हें निरंतर परिश्रम की ओर ले गया।

भारत के **मिसाइल** और **अंतरिक्ष कार्यक्रमों** में उनकी भूमिका यह स्पष्ट करती है कि आंतरिक चित्र किस प्रकार लक्ष्य बनता है और लक्ष्य धीरे-धीरे उपलब्धि में परिवर्तित हो जाता है।

2.16 महात्मा गांधी से सीखा गया पाठ

महात्मा गांधी के जीवन में अहिंसा केवल एक सिद्धांत नहीं था ; वह एक गहरा और अडिग संकल्प था।

अन्याय के विरुद्ध संघर्ष करना है - इस संकल्प को उन्होंने अहिंसा के मार्ग से व्यक्त किया।

बिना शस्त्र, बिना द्वेष और केवल आंतरिक मनोबल से समाज को बदला जा सकता है - यह विश्वास उनके भीतर अत्यंत गहराई से स्थापित था।

नमक सत्याग्रह जैसे आंदोलनों ने यह दिखाया कि एक नैतिक संकल्प करोड़ों लोगों को एक ही दिशा में जोड़ सकता है।

2.17 आदि शंकराचार्य से सीखा गया पाठ

आदि शंकराचार्य ने अल्प आयु में असाधारण कार्य सम्पन्न किए। बाल्यावस्था से ही ज्ञान की प्यास और आत्मतत्त्व की खोज ने उन्हें संपूर्ण भारत में भ्रमण करने के लिए प्रेरित किया। उन्होंने:

- **विभिन्न स्थानों पर शास्त्रार्थ किए**
- **उपनिषदों के तत्त्व को पुनर्जीवित किया**
- **देश की चार दिशाओं में मठ स्थापित किए**

केवल 32 वर्ष की आयु में शरीर त्याग करने के बावजूद उन्होंने अत्यंत विशाल कार्य सम्पन्न किए।

उनका जीवन स्पष्ट करता है: **आयु से अधिक महत्त्व संकल्प की तीव्रता का होता है।**

2.18 संस्कृत का आंतरिक प्रकाश

यद्भावं तद्भवति

जैसा पहले समझाया गया है, इस संस्कृत वाक्य में संकल्प का गहरा तत्त्व निहित है। जिस भावना को व्यक्ति भीतर गहराई से धारण करता है, जीवन धीरे-धीरे उसी दिशा में आकार लेने लगता है।

भय हो तो अशांति बढ़ती है

विश्वास और शुभ संकल्प हो तो भीतर की शक्ति लक्ष्य की ओर सहज बढ़ती है

इसी कारण भारतीय परंपरा में पूजा, जप और ध्यान से पहले मन की भावना को महत्त्व दिया गया है।

2.19 इस पुस्तक को लिखने की आंतरिक प्रेरणा

अनेक वर्षों के अनुभव, गुरुजनों के शब्द, पुस्तकों का अध्ययन और जीवन की वास्तविक घटनाएँ - इन सबने मिलकर भीतर एक स्पष्ट निर्णय उत्पन्न किया: **"संकल्प सिद्धि रहस्य" को सरल रूप में लिखा जाना चाहिए।**

2.20 अध्याय का भावपूर्ण समापन

जब मैं अपने जीवन की यात्रा को पीछे मुड़कर देखता हूँ, तब धीरे-धीरे एक गहरा सत्य स्पष्ट होता है।

जीवन में घटित कुछ घटनाएँ केवल संयोग नहीं थीं। कुछ मुलाकातें, कुछ अवसर, कुछ मोड़ और कुछ उपलब्धियाँ केवल बाहरी परिश्रम से बनीं - यह कहना पूर्ण सत्य नहीं होगा। कई मार्ग निरंतर परिश्रम से खुले, पर उनके पीछे मन के भीतर मौन रूप से जन्मा एक दृढ़ निर्णय छिपी शक्ति की तरह कार्य कर रहा था।

कभी बाहर कुछ भी बदलता नहीं दिखता, फिर भी भीतर जन्मा शुद्ध संकल्प जीवन की दिशा को धीरे-धीरे बदलना शुरू कर देता है। बहुत बार बाद में समझ आता है कि किसी एक क्षण में मन की गहराई में बना निर्णय अनेक घटनाओं को दिशा दे चुका था।

मैंने इससे यह सीखा:

संकल्प जीवन की मौन प्रेरक शक्ति है।

परिश्रम आवश्यक है - क्योंकि क्रिया बिना फल नहीं

ज्ञान आवश्यक है - क्योंकि स्पष्टता बिना दिशा नहीं

समय आवश्यक है - क्योंकि प्रत्येक फल का अपना परिपक्व होने का समय है।

पर इन सबमें भीतर से प्राण भरने वाला तत्व है - संकल्प।

संकल्प दिशा देता है। परिश्रम गति देता है। समय उसे फल में बदलता है।

इसलिए जीवन में कई बार मौन में जन्मा एक शुद्ध निर्णय आगे चलकर अनेक उपलब्धियों का मूल बनता है। एक अन्य संस्कृत श्लोक इस सत्य को व्यक्त करता है:

संकल्पो हि बलं पुंसां

संकल्पो हि परं तपः।

संकल्पजं हि यत्सर्वं

संकल्पे सर्वमास्थितम्॥

अर्थ: मनुष्य की वास्तविक शक्ति संकल्प है। संकल्प ही उच्चतम तप है। जीवन की अधिकांश उपलब्धियों का मूल संकल्प में निहित है।

भावार्थ: मन में जन्मा एक शुद्ध निर्णय अनेक बार जीवन के बड़े परिवर्तन का कारण बनता है। पहले संकल्प भीतर बनता है; फिर वह विचार, वाणी, कर्म और परिणाम में व्यक्त होता है।

अध्याय 3

संकल्प और अंतरमन

मन का आंतरिक विज्ञान, विश्वास की सीमाएँ, प्रभात शक्ति, गायत्री मंत्र और आंतरिक उपचार का रहस्य

3.1 मानव जीवन को भीतर से संचालित करने वाली मौन शक्ति

यह सत्य है कि मानव जीवन को आकार देने में बाहरी परिस्थितियाँ महत्त्वपूर्ण भूमिका निभाती हैं। किन्तु जब हम और गहराई से देखते हैं, तो स्पष्ट होता है कि जीवन की दिशा निर्धारित करने में भीतर कार्य करने वाली एक मौन शक्ति भी उतनी ही प्रभावशाली है। अनेक बार किसी व्यक्ति की सफलता या असफलता केवल बाहरी परिस्थितियों से तय नहीं होती; भीतर की मान्यताएँ, अज्ञात भय, आत्मविश्वास, संकल्प और अंतरमन की स्वीकारशक्ति अत्यंत महत्त्वपूर्ण भूमिका निभाती हैं।

हम प्रतिदिन जिस मन का उपयोग करते हैं, वह मुख्यतः **जाग्रत मन है।**

यह जाग्रत मन: सोचता है, प्रश्न करता है, निर्णय लेता है, तुलना करता है, विश्लेषण करता है।

किन्तु इसके नीचे एक और गहरा स्तर होता है - वही है अंतरमन या अवचेतन मन।

मानव मन दो स्तरों पर कैसे कार्य करता है, इसे समझाने के लिए हिमखंड (Iceberg) का उदाहरण अत्यंत उपयुक्त माना जाता है।

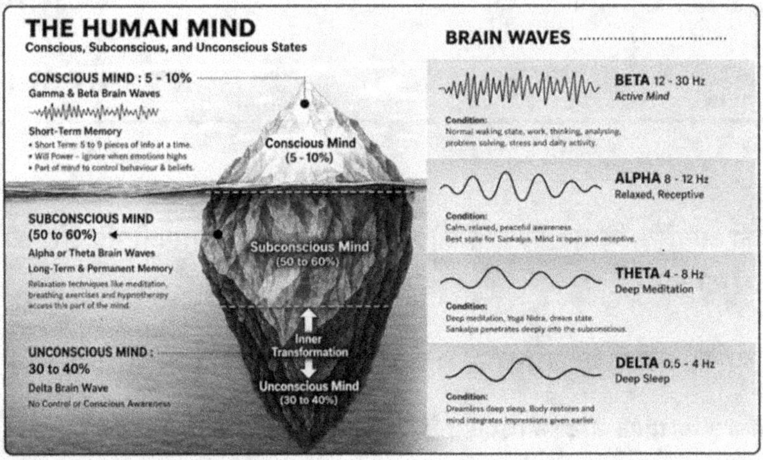

3.1.1 हिमखंड चित्र का अर्थ

चित्र में पानी के ऊपर दिखाई देने वाला छोटा भाग **जाग्रत मन (लगभग 5–10%)** को दर्शाता है। यही वह मन है जिसका हम दैनिक जीवन में उपयोग करते हैं - **सोचना, निर्णय लेना, विश्लेषण करना, प्रश्न करना और तुलना करना।**

किन्तु पानी के नीचे छिपा हुआ बहुत बड़ा भाग **अंतरमन या अवचेतन मन (लगभग 90–95%)** को दर्शाता है। नीचे का भाग बड़ा होने का कारण यह है कि जीवन को प्रभावित करने वाली अधिकांश आंतरिक शक्तियाँ सतह पर दिखाई नहीं देतीं; वे भीतर मौन रूप से कार्य करती रहती हैं।

अंतरमन में निम्न बातें संग्रहित रहती हैं: पुराने अनुभव, मान्यताएँ, भय, आदतें, भावनाएँ, आंतरिक संकल्प. इसी कारण कई बार व्यक्ति बाहर कुछ और सोचता है, पर भीतर संचित भावनाएँ और मान्यताएँ उसके निर्णयों तथा जीवन की दिशा को अधिक प्रभावित करती हैं।

3.1.2 इसका गहरा संदेश

अनेक बार व्यक्ति बाहर से कहता है: **"मैं यह कर सकता हूँ।"**

किन्तु यदि भीतर यह भावना बनी रहे: **"शायद मुझसे नहीं होगा।"**

तो अंतरमन ही अधिक प्रभावी सिद्ध होता है। अर्थात जीवन को केवल सतही विचार नहीं, बल्कि भीतर गहराई से स्थापित मानसिक धारणा अधिक संचालित करती है।

3.1.3 संकल्प का संबंध

संकल्प तभी प्रभावी शक्ति बनता है जब वह अंतरमन में बीज की तरह स्थापित हो जाता है।

बार-बार दोहराया गया शुद्ध संकल्प; भीतर की मान्यता बदलता है, भय कम करता है, दिशा देता है, कर्म को शक्ति देता है .

अंतरमन बोलता नहीं; किन्तु वह सब कुछ मौन रूप से संग्रहित करता रहता है।

3.2 मस्तिष्कीय तरंगें और संकल्प के लिए सर्वोत्तम मानसिक अवस्था

संकल्प सिद्धि में पहले जाग्रत मन संकल्प को स्पष्ट विचार के रूप में बनाता है। किन्तु उसका वास्तविक प्रभाव तब उत्पन्न होता है जब वह अंतरमन तक पहुँचकर वहाँ स्वीकार किया जाता है।

आधुनिक तंत्रिका-विज्ञान इसे **मस्तिष्क तरंगों (Brain Waves)** के माध्यम से समझाता है।

मस्तिष्क की विद्युत गतिविधि **हर्ट्ज़ (Hz)** में मापी जाती है। विभिन्न मानसिक अवस्थाओं में विभिन्न तरंग आवृत्तियाँ पाई जाती हैं।

3.2.1 मस्तिष्क तरंगें - संशोधित आवृत्ति मान

मस्तिष्क अवस्था	आवृत्ति (Hz)	सामान्य स्थिति	संकल्प से संबंध
बीटा (Beta)	12–30 Hz	जाग्रत सक्रियता	गहरे संकल्प के लिए कम उपयुक्त
आल्फा (Alpha)	8–12 Hz	शांत, विश्राम	संकल्प के लिए अत्यंत उपयुक्त
थीटा (Theta)	4–8 Hz	गहरा ध्यान, योगनिद्रा	संकल्प गहराई से उतरता है
डेल्टा (Delta)	0.5–4 Hz	गहरी नींद	अप्रत्यक्ष प्रभाव

बीटा तरंगें (12–30 Hz) - बाहरी सक्रिय मन

सामान्य दैनिक जीवन में मस्तिष्क अधिकतर बीटा अवस्था में कार्य करता है। इस अवस्था में हम:

काम करते हैं

बोलते हैं

समस्याएँ हल करते हैं

सोचते हैं

विश्लेषण करते हैं

इस अवस्था में जाग्रत मन प्रमुख होता है। विचार तीव्र गति से आते हैं, इसलिए इस अवस्था में किया गया संकल्प सतही स्तर पर रह सकता है।

उदाहरण: "मुझे शांति चाहिए" कहते ही मन में संदेह उठ सकता है: "क्या यह संभव है?"

आल्फा तरंगें (8–12 Hz) - संकल्प के लिए सर्वश्रेष्ठ दैनिक अवस्था

मन निम्न स्थितियों में धीरे-धीरे आल्फा अवस्था में प्रवेश करता है: ध्यान, प्रार्थना, धीमी श्वास, प्रभात का मौन, मंदिर में शांत बैठना, सोने से पहले

आल्फा अवस्था में: विचार धीमे हो जाते हैं, भावनात्मक चंचलता घटती है, आंतरिक चित्र स्पष्ट होता है, अंतरमन की स्वीकारशक्ति बढ़ती है.

इसीलिए परंपरा में संकल्प करने के लिए यह समय अत्यंत उपयुक्त माना गया है: सुबह जागते ही, ध्यान के बाद, सोने से पहले

थीटा अवस्था (4–8 Hz) - गहरा आंतरिक स्वीकार

गहरे ध्यान और योगनिद्रा में मन थीटा अवस्था तक पहुँच सकता है। थीटा अवस्था में: अंतरमन तक गहरा प्रवेश होता है, जीवंत आंतरिक चित्र बनता है, भावनात्मक छाप गहराई से अंकित होती है . **इसी कारण योगनिद्रा में किया गया संकल्प विशेष रूप से प्रभावी माना जाता है।**

डेल्टा अवस्था (0.5–4 Hz) - गहरी नींद

डेल्टा अवस्था गहरी नींद में उत्पन्न होती है। इस अवस्था में संकल्प सीधे नहीं दोहराया जाता, किन्तु सोने से पहले किया गया संकल्प भीतर कार्य करता रह सकता है।

मुख्य संदेश:

संकल्प सिद्धि की दृष्टि से:

बीटा = बाहरी विचार

आल्फा = आंतरिक ग्रहणशीलता

थीटा = गहरी मानसिक रोपण प्रक्रिया

दैनिक संकल्प के लिए सबसे व्यावहारिक और उपयुक्त मानसिक अवस्था आल्फा अवस्था मानी जाती है, क्योंकि इस अवस्था में मन शांत, ग्रहणशील और भीतर की ओर खुला रहता है। परंतु गहरे ध्यान और योगनिद्रा के माध्यम से धीरे-धीरे थीटा अवस्था तक पहुँचा जा सकता है; इस अवस्था में संकल्प अवचेतन मन में और अधिक गहराई से प्रवेश करता है।

नीचे दिया गया चित्र मानव मस्तिष्क की विभिन्न तरंगों, उनकी आवृत्ति स्तरों तथा उनसे संबंधित मानसिक अवस्थाओं को स्पष्ट करता है।

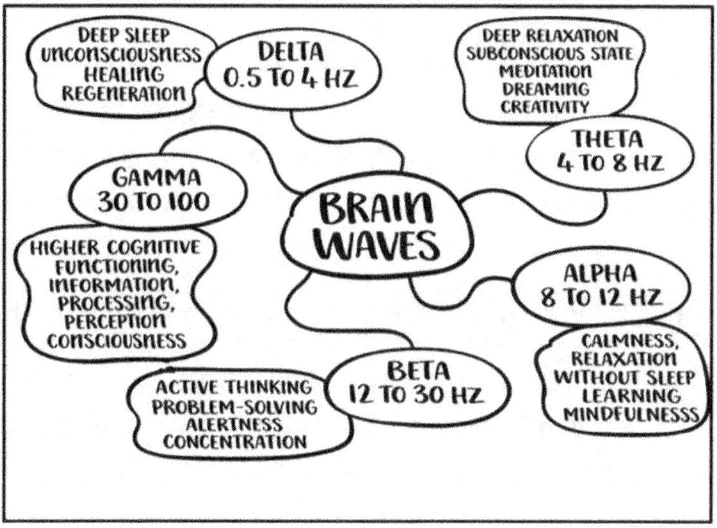

3.3 बचपन में बनने वाली मानसिक सीमाएँ

अंतरमन बचपन से ही आकार लेना प्रारम्भ कर देता है। घर में बोले गए शब्द, शिक्षकों का प्रभाव, प्रशंसा या अपमान के अनुभव, सुनी हुई आलोचनाएँ, देखी हुई घटनाएँ - ये सब धीरे-धीरे अंतरमन में चित्रों की तरह अंकित हो जाते हैं। इसी कारण कुछ लोग जीवनभर आत्मविश्वास के साथ आगे बढ़ते हैं, जबकि कुछ लोग अवसर होते हुए भी पीछे हट जाते हैं।

3.4 मछलियों की मानसिक सीमा – एक्वेरियम का उदाहरण

एक एक्वेरियम के बीच में काँच की विभाजन दीवार रखकर मछलियों को दो भागों में रखा जाता है।

जब एक भाग की मछली दूसरी ओर जाने का प्रयास करती है, तो वह बार-बार काँच से टकराती है। कुछ समय बाद वह आगे बढ़ने का प्रयास ही बंद कर देती है।

बाद में यदि काँच की दीवार हटा भी दी जाए, तब भी वह उसी पुराने सीमित क्षेत्र में तैरती रहती है।

क्योंकि उसके मन ने सीमा को पहले ही स्वीकार कर लिया है।

बाहरी बाधा हट चुकी होती है, पर भीतर की सीमा बनी रहती है।

मनुष्य के जीवन में भी यही होता है। एक असफल अनुभव, एक आलोचना, एक भय, या एक अपमान - वर्षों बाद भी भीतर मानसिक सीमा बनकर रह सकता है।

3.5 हाथी की जंजीर – भूली हुई आंतरिक शक्ति 🐘

एक छोटे हाथी को मजबूत लोहे की जंजीर से बाँधा जाता है। वह मुक्त होने के लिए अनेक बार प्रयास करता है, पर सफल नहीं होता। कुछ वर्षों बाद वही हाथी बड़ा हो जाता है और उसमें अपार शक्ति आ जाती है। फिर भी जब उसे छोटी जंजीर से बाँधा जाता है, तब भी वह उसे तोड़ने का प्रयास नहीं करता।

कारण यह है कि वह अपनी वर्तमान शक्ति से अधिक अपने पुराने अनुभव पर विश्वास करता है।

मनुष्य के जीवन में भी यही होता है। अवसर सामने आने पर भी पुरानी मानसिक सीमाएँ आगे बढ़ने नहीं देतीं।

3.6 संकल्प क्यों आवश्यक है?

संकल्प केवल इच्छा नहीं है। संकल्प वह जागरूक निर्णय है जो अवचेतन मन को नई दिशा देता है।

पुरानी सीमाओं को धीरे-धीरे बदलने के लिए संकल्प आवश्यक है।

3.7 संकल्प अवचेतन में उतरने के तीन चरण

3.7.1 विचार (Thought)

संकल्प का पहला चरण विचार है। पहले मन में एक स्पष्ट वाक्य या दिशा बनती है। उदाहरण के लिए:

मैं शांत हूँ।

मेरा कार्य सफलतापूर्वक पूर्ण हो चुका है।

इस चरण में संकल्प एक जागरूक मानसिक निर्णय के रूप में जन्म लेता है। पर यदि यह केवल विचार तक सीमित रहे, तो यह सतह पर ही रह सकता है।

3.7.2 भावना (Feeling)

जब विचार के साथ भावना जुड़ती है, तब संकल्प अधिक जीवंत हो जाता है।

उदाहरण के लिए, "मैं शांत हूँ" कहते समय यदि भीतर वास्तव में शांति, हल्कापन या स्थिरता अनुभव हो, तो वह अवचेतन मन तक अधिक गहराई से पहुँचता है। **अवचेतन मन शब्दों से अधिक भावना को ग्रहण करता है।**

3.7.3 आंतरिक स्वीकृति (Inner Acceptance)

तीसरा चरण है आंतरिक स्वीकृति - अर्थात मन की गहराई में बिना विरोध के उस संकल्प को स्वीकार करना। **बाहर कहना एक बात हो सकती है, पर जब भीतर मौन रूप से यह स्वीकार हो कि "यह वास्तव में संभव है", तभी संकल्प गहराई से स्थापित होता है।**

यदि कोई व्यक्ति कहता है:

"मैं शांत हूँ।" और उसके साथ भीतर सच्ची भावना जुड़ती है, तब यह गहराई में उतरता है।

3.8 संकल्प वर्तमान काल में क्यों बोलना चाहिए?

✕ **"मैं एक दिन सफल हो जाऊँगा"** - यह केवल एक आकांक्षा है; यह पूर्ण संकल्प नहीं है।

☑ **"मैं सफलता के मार्ग पर स्थिरता से आगे बढ़ रहा हूँ"** - यह संकल्प है।

अवचेतन मन वर्तमान अनुभव को अधिक प्रभावशाली रूप से स्वीकार करता है।

3.9 प्रातःकाल की शक्ति

प्रभात के समय मन स्वाभाविक रूप से कोमल रहता है। बाहरी विचारों का प्रवाह अभी पूरी तरह प्रारम्भ नहीं हुआ होता। इसलिए:

प्रातःकाल में किया गया संकल्प अधिक गहराई से मन में उतरता है।

3.10 रात को सोने से पहले संकल्प

नींद से पहले मन पुनः कोमल अवस्था में आ जाता है। उस समय अंतिम विचार अवचेतन में गहराई से स्थापित होता है। इसलिए रात को सोने से पहले संकल्प पढ़कर, उसे पूर्ण हुआ अनुभव करते हुए सोने पर संकल्प शीघ्र सिद्ध होने लगते हैं।

3.11 नींद के भीतर अवचेतन का कार्य

नींद के दौरान भी अवचेतन मन दिनभर के अनुभवों को पुनः व्यवस्थित करता है। इसलिए सोने से पहले शांति अत्यंत आवश्यक है। शांत अवस्था में किया गया संकल्प मन में गहराई से बैठकर शीघ्र फल देने में सहायक होता है।

3.12 गायत्री मंत्र और मन की शुद्धि

मंत्र:

ॐ भूर्भुवः स्वः तत्सवितुर्वरेण्यं

भर्गो देवस्य धीमहि

धियो यो नः प्रचोदयात् ॥

अर्थ: हम उस परम प्रकाशस्वरूप दिव्य तत्व का ध्यान करते हैं जो पृथ्वी, अंतरिक्ष और दिव्य लोकों का आधार है। वह दिव्य तेज हमारी बुद्धि को प्रेरित करे, शुद्ध करे और सही दिशा में चलाए।

इस मंत्र का आंतरिक अर्थ संकल्पशक्ति से गहराई से जुड़ा है। संकल्प सिद्धि में पहली आवश्यकता है मन की स्पष्टता। यदि मन चंचल, अशांत या संदेहपूर्ण हो तो संकल्प की शक्ति कमजोर हो जाती है। परंतु जब बुद्धि स्थिर और शुद्ध होती है, तब संकल्प स्पष्ट रूप से आकार लेता है।

"धियो यो नः प्रचोदयात्" में अत्यंत गहरा संदेश है - हमारी बुद्धि सही दिशा में प्रेरित हो। संकल्प केवल इच्छा न रहकर भीतर की स्पष्ट दिशा बने, इसके लिए बुद्धि का प्रकाश आवश्यक है। इसलिए अनेक लोग संकल्प से पहले गायत्री मंत्र जपना उचित मानते हैं। मंत्रजप से मन धीरे-धीरे शांत होता है, श्वास संतुलित होती है और विचारों का बिखराव कम होता है। ऐसी अवस्था में किया गया संकल्प अवचेतन में अधिक गहराई से प्रवेश करता है।

संकल्प सिद्धि की दृष्टि से गायत्री मंत्र मनरूपी भूमि को तैयार करता है; संकल्प उसमें बोया गया बीज है। भूमि शुद्ध हो तो बीज शीघ्र अंकुरित होता है।

शुद्ध बुद्धि संकल्प को दिशा देती है; शुद्ध मन संकल्प को शक्ति देता है; ईश्वर स्मरण संकल्प को आंतरिक प्रकाश देता है।

गायत्री मंत्र मन को शुद्ध कर संकल्प को आंतरिक प्रकाश देता है।

3.13 महामृत्युंजय मंत्र, हनुमान चालीसा - संकल्प सिद्धि में उनका स्थान

भारतीय आध्यात्मिक परंपरा में मंत्र केवल पाठ नहीं हैं; वे मन की आंतरिक संरचना को शुद्ध करने वाली ध्वनि-शक्ति माने जाते हैं। संकल्प सिद्धि में मंत्रों का विशेष स्थान इसी कारण है। जब मन भय, अस्थिरता या संदेह से भरा हो, तब सीधे संकल्प धारण करना कठिन हो सकता है। ऐसे समय मंत्रजप मन को धीरे-धीरे एक दिशा में केंद्रित करता है।

मंत्र पहले मन की तरंगों को संतुलित करता है; फिर भावना को शुद्ध करता है; उसके बाद संकल्प के लिए भीतर स्थान तैयार होता है।

3.13.1 महामृत्युंजय मंत्र - भय के समय आंतरिक स्थिरता

मंत्र:

ॐ त्र्यम्बकं यजामहे

सुगन्धिं पुष्टिवर्धनम्।

उर्वारुकमिव बन्धनान्

मृत्योर्मुक्षीय मामृतात्॥

अर्थ: हम तीन नेत्रों वाले शिव का ध्यान करते हैं; वे जीवन को पुष्ट करने वाली सुगंधमयी शक्ति हैं। जैसे पका हुआ फल डाली से सहज अलग होता है, वैसे ही हमें बंधनों से मुक्त कर अमृत की ओर ले जाएँ।

यह मंत्र विशेषतः स्वास्थ्य संकट, भय, शल्यचिकित्सा, चिंता के समय: मन को स्थिरता देता है।

मेरे पुत्र की बीमारी के समय मैंने अनुभव किया कि संकट की घड़ी में मंत्र और दृश्यीकरण एक साथ होने पर भीतर असाधारण शक्ति उत्पन्न हो सकती है। जब भय घटता है, संकल्प अधिक स्पष्ट होता है।

3.13.2 हनुमान संस्कृत श्लोक

मंत्र::

मनोजवं मारुततुल्यवेगं

जितेन्द्रियं बुद्धिमतां वरिष्ठम्।

वातात्मजं वानरयूथमुख्यं

श्रीरामदूतं शरणं प्रपद्ये॥

अर्थ: मैं उस हनुमान की शरण लेता हूँ जो मन के समान तीव्र, वायु के समान वेगवान, इन्द्रियों पर विजय प्राप्त करने वाले, बुद्धिमानों में श्रेष्ठ, वायुपुत्र और श्रीरामदूत हैं।

पंक्ति अर्थ:

- **मनोजवम् - मन के समान तीव्र**
- **मारुततुल्यवेगम् - वायु के समान वेगवान**
- **जितेन्द्रियम् - इन्द्रिय-विजयी**
- **बुद्धिमतां वरिष्ठम् - बुद्धिमानों में श्रेष्ठ**
- **वातात्मजम् - वायुपुत्र**
- **वानरयूथमुख्यम् - वानरसेना के प्रमुख**
- **श्रीरामदूतम् - श्रीराम के दूत**
- **शरणं प्रपद्ये - मैं शरण लेता हूँ**

संकल्प सिद्धि की दृष्टि से अर्थ:

हनुमान के चार गुण स्पष्ट हैं: **वेग, नियंत्रित मन, बुद्धिशक्ति, पूर्ण भक्ति एवं समर्पण**

संकल्प सिद्धि के लिए भी यही आवश्यक हैं।

हनुमान भक्ति में विशेष मनोवैज्ञानिक तत्व हैं: सुरक्षा भाव, त्वरित शक्ति, संकट समाधान, साहस

मेरे पुत्र की बीमारी में 108 बार हनुमान मंत्र जपते हुए हनुमानजी को औषधि लाते हुए देखना इसका जीवंत उदाहरण था।

मंत्र + दृश्यीकरण + पूर्ण समर्पण = संकल्प सिद्धि की अत्यंत शक्तिशाली अवस्था

3.13.3 मंत्र और संकल्प का संबंध

मंत्र संकल्प का विकल्प नहीं है, परंतु संकल्प के लिए आंतरिक भूमि तैयार करता है।

क्रम: पहले मंत्र → फिर शांत मन → फिर संकल्प

3.13.4 संकल्प से पहले सरल विधि

1. **5 मिनट शांत बैठें**
2. **गायत्री मंत्र या चुना हुआ मंत्र जपें**
3. **श्वास संतुलित करें**
4. **संकल्प स्पष्ट बोलें**
5. **दृश्यीकरण करें**
6. **कृतज्ञता व्यक्त करें**

3.13.5 किस स्थिति में कौन सा मंत्र उपयुक्त?

स्वास्थ्य / शल्यचिकित्सा / भय / आयु वृद्धि → **महामृत्युंजय मंत्र**

तत्काल संकट / सुरक्षा → **हनुमान मंत्र / हनुमान चालीसा**

दीर्घ मानसिक शांति → **विष्णु सहस्रनाम / ललिता सहस्रनाम**

बुद्धि शुद्धि / संकल्प स्पष्टता → **गायत्री मंत्र**

मंत्र मन को शुद्ध करता है; संकल्प दिशा देता है; दृश्यीकरण रूप देता है; विश्वास जीवन देता है; समर्पण फल को समीप लाता है।

3.14 सभी संकल्प एक समान रूप से क्यों फलित नहीं होते?

संकल्प के विषय में सुनने के बाद अनेक लोग पहला प्रश्न पूछते हैं:

"मैंने कई बार संकल्प किया, फिर भी सब कुछ पूरा क्यों नहीं हुआ?"

यह प्रश्न अत्यंत स्वाभाविक है। क्योंकि जीवन में कुछ संकल्प शीघ्र फलित होते दिखाई देते हैं, कुछ बहुत समय लेते हैं, और कुछ का परिणाम स्पष्ट दिखाई नहीं देता।

इसे समझने के लिए निम्नलिखित मूल तथ्य समझना आवश्यक है:

3.14.1 संकल्प केवल वाक्य नहीं है; मन की अनेक परतों का सामंजस्य होना चाहिए

बाहरी रूप से हम कुछ कहते हैं, पर भीतर यदि भावना, विश्वास, भय या पुराने अनुभव विपरीत दिशा में हों, तो संकल्प कमजोर हो जाता है।

3.14.2 बाहरी कथन और आंतरिक विरोध

कोई व्यक्ति कहता है: **"मैं सफल हो रहा हूँ।"**

पर भीतर एक मौन स्वर कहता है: **"यह मुझसे नहीं होगा।"**

यहाँ दो दिशाएँ बनती हैं। बाहर का वाक्य आगे बढ़ाना चाहता है; भीतर का संदेह पीछे खींचता है।

यही आंतरिक विरोध संकल्प की शक्ति को कम करता है।

3.14.3 अस्पष्ट संकल्प फल क्यों नहीं देता

कुछ लोग कहते हैं: **"मुझे अच्छा जीवन चाहिए।"**

पर मन में स्पष्ट नहीं होता कि **"अच्छा जीवन"** क्या है।

इसलिए: ❌ **मुझे सुख चाहिए।**: यहाँ संकल्प में स्पष्टता नहीं है, क्योंकि लक्ष्य निश्चित रूप से परिभाषित नहीं है।

☑ मैं स्वास्थ्य, शांति और संतुलन के साथ आनंदपूर्ण जीवन जी रहा हूँ। स्पष्ट संकल्प मन को दिशा देता है।

3.14.4 यदि संकल्प में भय जुड़ जाए

कोई कहता है: **"मैं स्वस्थ होना चाहता हूँ।"** पर भीतर छिपा भाव है: **"फिर से बीमारी न आ जाए।"**

यहाँ ध्यान स्वास्थ्य पर नहीं, भय पर है।

मन उसी भाव को अधिक पकड़ता है जो अधिक शक्तिशाली हो।

3.14.5 अधीरता संकल्प को कमजोर करती है

कुछ लोग संकल्प के तुरंत बाद परिणाम देखने लगते हैं।

फल तुरंत न दिखे तो: **निराशा, संदेह, बेचैनी उत्पन्न होती है।**

पर बीज बोने के तुरंत बाद वृक्ष नहीं उगता।

3.14.6 गलत शब्दों का प्रभाव

❌ मुझे समस्या नहीं चाहिए ; ❌ मैं कर्ज से निकलना चाहता हूँ

इसके स्थान पर:

☑ **मैं आर्थिक संतुलन की दिशा में आगे बढ़ रहा हूँ**

☑ **मेरे जीवन में स्थिरता बढ़ रही है**

3.14.7 पात्रता की कमी

भीतर यदि प्रश्न हो: **"क्या मैं इसके योग्य हूँ?"** तो संकल्प कमजोर हो जाता है।

3.14.8 बार-बार संकल्प बदलना

कुछ लोग एक दिन एक संकल्प करते हैं और अगले ही दिन किसी दूसरे संकल्प की ओर मुड़ जाते हैं। कभी सुबह एक निर्णय होता है, तो शाम तक विचार बदल जाता है।

उदाहरण: आज: "मैं इस क्षेत्र में आगे बढ़ रहा हूँ।"

अगले दिन: "शायद कोई दूसरा मार्ग अधिक अच्छा है।"

इस प्रकार का लगातार परिवर्तन मन की आंतरिक दिशा को स्थिर नहीं होने देता। अंतर्मन बार-बार दोहराए गए और स्थिर संकेतों को अधिक गहराई से स्वीकार करता है। जब दिशा लगातार बदलती रहती है, तब भीतर गहराई विकसित नहीं हो पाती। इसलिए संकल्प में स्थिरता अत्यंत आवश्यक है।

जिस प्रकार बीज बोने के बाद यदि उसे प्रतिदिन स्थान बदल दिया जाए तो वह अंकुरित नहीं होता, उसी प्रकार संकल्प भी स्थिरता के बिना गहराई नहीं पकड़ता।

3.14.9 पुराने असफल अनुभवों का प्रभाव

यदि किसी व्यक्ति को पूर्व प्रयासों में असफलता मिली हो, तो नया संकल्प करते समय वह पुरानी स्मृति भीतर मौन रूप से सक्रिय हो सकती है। **बाहर वह कहता है: "इस बार मैं सफल हो रहा हूँ।"**

पर भीतर एक सूक्ष्म स्वर उठ सकता है: "पहले भी तो नहीं हुआ था।"

यह पुराना अनुभव अंतर्मन में मौन प्रतिरोध उत्पन्न कर सकता है। संकल्प नया होता है, पर मन पुराने अभिलेखों को पकड़े रहता है। इसलिए संकल्प करते समय भीतर कभी-कभी इस प्रकार कहना सहायक होता है: **"पूर्व अनुभवों ने मुझे तैयार किया है; अब एक नई दिशा आरम्भ हो चुकी है।"**

इससे मन पुराने प्रभावों से धीरे-धीरे मुक्त होने लगता है।

3.14.10 दूसरों के शब्दों का प्रभाव

कुछ लोग संकल्प करने के तुरंत बाद उसे आसपास के लोगों के साथ साझा कर देते हैं।

तब प्रायः ऐसे शब्द सुनने को मिलते हैं:

- **यह आसान नहीं है**
- **बहुत कठिन है**
- **वर्तमान परिस्थिति में संभव नहीं है**

ऐसे शब्द मन में नए संदेह उत्पन्न कर सकते हैं। इसलिए संकल्प के प्रारम्भिक चरण में उसे भीतर शांत रूप से सुरक्षित रखना कई बार अधिक उचित होता है। अत्यधिक सामाजिक माध्यमों में उलझना और निरर्थक चर्चाओं में समय बिताना भी संकल्प की आंतरिक शक्ति को कम कर सकता है। प्रारम्भिक अवस्था में संकल्प एक बीज के समान होता है; अंकुरित होने तक उसकी रक्षा आवश्यक होती है।

3.14.11 अत्यधिक तर्क

कुछ लोग संकल्प करते ही मन में गणना प्रारम्भ कर देते हैं:

- **यह कैसे संभव होगा?**
- **कौन-सा मार्ग मिलेगा?**
- **कौन सहायता करेगा?**

जाग्रत मन की तर्कशक्ति आवश्यक है, पर कभी-कभी यही तर्क संकल्प के भीतर गहराई बनने से पहले ही उसे सूखा बना देता है। संकल्प के प्रारम्भिक चरण में सभी उत्तर आवश्यक नहीं होते; दिशा स्पष्ट होना पर्याप्त होता है।

3.14.12 संकल्प और कर्म का असंतुलन

यदि भीतर संकल्प हो, पर बाहर उसकी दिशा में कोई कर्म न हो, तो संकल्प धीरे-धीरे कमजोर पड़ सकता है। उदाहरण के लिए:

- **रोजगार का संकल्प है, पर आवेदन नहीं किया जाता।**
- **स्वास्थ्य का संकल्प है, पर भोजन और जीवनशैली में आवश्यक परिवर्तन नहीं किए जाते।**

ऐसी स्थिति में मन को परस्पर विरोधी संदेश प्राप्त होता है। भीतर इच्छा है, पर बाहर उसका समर्थन करने वाला आचरण नहीं है। पुराणों में एक संस्कृत वचन मिलता है:

उद्यमेन हि सिद्ध्यन्ति कार्याणि न मनोरथैः।

अर्थ: कार्य परिश्रम से सिद्ध होते हैं; केवल कल्पना या इच्छा से नहीं।

अतः संकल्प को कर्म का सहयोग आवश्यक है।

3.14.13 नकारात्मक वातावरण का प्रभाव

लगातार चिंता, विवाद, मानसिक दबाव और भयपूर्ण वातावरण मन की सूक्ष्म अवस्था को प्रभावित कर सकते हैं। संकल्प करते समय बाहरी शांति भी सहायक होती है, क्योंकि शांत वातावरण में मन अधिक ग्रहणशील बनता है। इसलिए ये समय और परिस्थितियाँ विशेष रूप से अनुकूल मानी जाती हैं:

- **प्रातःकाल का शांत समय**
- **ध्यान के तुरंत बाद**
- **मंदिर या प्रार्थना का वातावरण**

ऐसी अवस्था में संकल्प अधिक गहराई से अंतर्मन में उतरता है।

3.14.14 दैवी समर्पण का अभाव

कुछ लोग संकल्प करने के बाद भी परिणाम पर अपनी पकड़ पूरी तरह नहीं छोड़ पाते। वे बार-बार भीतर पूछते रहते हैं:

- **कब होगा?**
- **कैसे होगा?**
- **अभी तक क्यों नहीं हुआ?**

इससे भीतर अनावश्यक दबाव उत्पन्न होता है। पुराणों में एक संस्कृत वचन मिलता है:

कर्मण्येवाधिकारस्ते मा फलेषु कदाचन।

अर्थ: तुम्हारा अधिकार केवल कर्म करने में है; फल पर कभी नहीं।

इसका आंतरिक संदेश यह है कि संकल्प के बाद परिणाम पर अत्यधिक पकड़ धीरे-धीरे कम होनी चाहिए। जब भीतर समर्पण आता है, तब मन अधिक शांत और स्थिर होता है।

3.14.15 कृतज्ञता का अभाव

जो मन केवल इस पर ध्यान देता है कि क्या नहीं है, उसमें अभाव की भावना बढ़ती जाती है।

परंतु जो मन वर्तमान में उपलब्ध बातों के प्रति कृतज्ञ होता है, वह भीतर से विस्तृत होने लगता है।

कृतज्ञता भीतर यह अनुभव कराती है: "जीवन पहले से ही मेरे पक्ष में कार्य कर रहा है।"

ऐसी स्थिति में संकल्प अधिक सहज, मृदु और गहराई से कार्य करता है।

3.14.16 कुछ संकल्पों में समय आवश्यक है

कुछ संकल्प शीघ्र फलित होते हैं, जबकि कुछ को परिपक्व होने में समय लगता है। प्रत्येक परिणाम का अपना स्वाभाविक समय होता है। जैसे बीज बोने के बाद तुरंत वृक्ष नहीं बनता, वैसे ही संकल्प भी भीतर धीरे-धीरे परिस्थितियाँ बनाकर फलित होता है। पुराणों में एक संस्कृत वचन मिलता है:

कालः सर्वस्य कारणम्॥

अर्थ: समय प्रत्येक प्रक्रिया का एक महत्त्वपूर्ण कारण है।

3.15 संकल्प को अवचेतन मन में कैसे उतारें?

संकल्प के बारे में समझ लेने के बाद स्वाभाविक रूप से अगला प्रश्न उठता है: मन में स्पष्ट रूप से कहा गया संकल्प अंतरमन में गहराई से कैसे उतरता है? यही संकल्प सिद्धि का व्यावहारिक आधार है। जागृत मन में हम कोई निर्णय कर सकते हैं, परन्तु जब तक वह अंतरमन द्वारा स्वीकार नहीं किया जाता, तब तक जीवन में गहरा परिवर्तन आरम्भ नहीं होता। इसके लिए कुछ विशेष अवस्थाएँ आवश्यक हैं।

3.15.1 पहला चरण – मन को शांत करना

अंतरमन तब अधिक खुला रहता है जब बाहरी विचार कम हो जाते हैं। इसलिए संकल्प करने से पहले मन को धीरे-धीरे शांत करना चाहिए। **सरल विधि यह है: शांत स्थान पर बैठें, आँखें बंद करें, कुछ गहरी श्वास लें और श्वास की गति पर ध्यान दें।** इससे जागृत मन की सक्रियता धीरे-धीरे कम होने लगती है। इसी प्रकार विभिन्न प्रकार के ध्यान और योगनिद्रा भी मन को शांत करके संकल्प को गहराई से स्थापित करने में बहुत सहायक होते हैं। इस अवस्था में मन धीरे-धीरे भीतर की गहराई में उतरने लगता है।

3.15.2 दूसरा चरण – संकल्प को स्पष्ट रूप देना

अंतरमन तक अस्पष्ट संकेत कमजोर रूप से पहुँचते हैं। उदाहरण के लिए:

✘ मुझे रोग न हो

✘ मेरे जीवन में समस्या न रहे

✘ मेरा कष्ट दूर हो जाए

ऊपर दिए गए वाक्य अस्पष्ट और नकारात्मक संकल्प हैं।

☑ **मैं संतुलन और स्वस्थता के साथ जीवन जी रहा हूँ।**

☑ **मेरा कार्य सफलतापूर्वक पूर्ण हो चुका है।**

☑ **मैं अत्यंत सुखपूर्ण जीवन जी रहा हूँ।**

इन संकल्पों में स्पष्टता, सरलता और सकारात्मक भाव है।

3.15.3 तीसरा चरण – वर्तमान में पूर्ण हुई वास्तविकता की तरह अनुभव करना

यह सबसे सूक्ष्म भाग है। संकल्प कहने के बाद मन में उसे ऐसे देखना चाहिए जैसे वह पहले ही पूर्ण हो चुका हो। उदाहरण के लिए यदि संकल्प स्वास्थ्य से जुड़ा है, तो स्वयं को स्वस्थ रूप से चलते हुए, हल्कापन अनुभव करते हुए, शांत चेहरे के साथ देखना चाहिए। यही दृश्यांकन है।

3.15.4 चौथा चरण – भावना जोड़ना

अंतरमन शब्दों की अपेक्षा भावना को अधिक ग्रहण करता है। इसलिए केवल वाक्य पर्याप्त नहीं।

उदाहरण के लिए **"मैं स्वस्थ हूँ" कहते समय भीतर शांति, हल्कापन और कृतज्ञता का अनुभव होना चाहिए।** भावना के बिना संकल्प कभी-कभी मन की सतह पर ही रह जाता है।

3.15.5 पाँचवाँ चरण – पुनरावृत्ति

एक बार किया गया संकल्प जितना प्रभावी नहीं होता, उससे अधिक प्रभाव बार-बार दोहराया गया संकल्प करता है। पुनरावृत्ति के लिए श्रेष्ठ समय हैं: सुबह जागने के तुरंत बाद, ध्यान के बाद, और सोने से पहले। क्योंकि इन समयों में मन अधिक ग्रहणशील रहता है।

हमें बार-बार अपनी शक्ति को स्मरण कराने वाला संकल्प चाहिए। जैसे हनुमानजी को उनकी शक्ति स्मरण कराई गई तब उनका कार्य सिद्ध हुआ, वैसे ही अनेक बार हमारे भीतर शक्ति होते हुए भी हम उसे पूर्णतः पहचान नहीं पाते। समुद्र पार करने से पहले हनुमानजी अपनी शक्ति भूल गए थे; जाम्बवान ने जब उन्हें उनकी क्षमता का स्मरण कराया, तभी उनके भीतर की महाशक्ति जागृत हुई। उसी प्रकार हमें भी अपनी विशाल शक्ति को बार-बार स्मरण कर उस पर विश्वास रखना चाहिए।

3.15.6 छठा चरण – दैवी संबंध

यदि संकल्प को केवल व्यक्तिगत मानसिक वाक्य न मानकर ईश्वर के समक्ष मौन समर्पण के रूप में किया जाए, तो भीतर अधिक गहरी शांति उत्पन्न होती है। **उदाहरण: "यह संकल्प दैवी शक्ति की कृपा से पहले ही पूर्ण हो चुका है।"** इससे मानसिक दबाव कम होता है।

3.15.7 सातवाँ चरण – परिणाम पर पकड़ छोड़ना

संकल्प करने के तुरंत बाद यदि बार-बार जाँच शुरू हो जाए - **हुआ या नहीं? कब होगा? अभी तक क्यों नहीं?** - तो भीतर अशांति उत्पन्न होती है। इससे संकल्प की स्वाभाविक आंतरिक गति बाधित हो सकती है। संस्कृत पुराणों में कहा गया है:

कर्मण्येवाधिकारस्ते मा फलेषु कदाचन।

अर्थ: तुम्हारा अधिकार कर्म में है, फल में नहीं। कर्म हमारा दायित्व है; फल स्वाभाविक रूप से प्रकट होने वाली प्रक्रिया है। जब फल पर अत्यधिक पकड़ कम होती है, तब मन अधिक शांत होता है।

3.15.8 आठवाँ चरण – दैनिक जीवन भी संकल्प के अनुरूप होना चाहिए

यदि भीतर संकल्प हो और बाहर जीवनशैली पूरी तरह विपरीत हो, तो अंतरमन में भ्रम उत्पन्न होता है।

इसलिए:

- **स्वास्थ्य के संकल्प के लिए → आहार, नींद और दिनचर्या संतुलित होनी चाहिए।**
- **ज्ञान के संकल्प के लिए → अध्ययन और एकाग्रता आवश्यक है।**

- **समृद्धि के संकल्प के लिए → जीवन में अनुशासन होना चाहिए।**

3.15.9 नौवाँ चरण – पुराने नकारात्मक अनुभव और शब्दों को कम करना

संकल्प करने के बाद बार-बार **"मुझसे नहीं होगा", "यह कठिन है", "मुझे डर है"** जैसे वाक्य कहने से भीतर विरोध उत्पन्न होता है। जैसे पहले बताया गया कि मछली और हाथी अपनी मानसिक सीमाओं से बँध जाते हैं, उसी प्रकार हमारे पुराने अनुभव भी भीतर सीमाएँ बनकर संकल्प में बाधा डाल सकते हैं।

दिन में कुछ समय मौन रहने का अभ्यास अच्छा है। आंतरिक मौन में जो खाली स्थान बनता है, उसमें संकल्प अधिक गहराई से बैठता है।

3.15.10 संकल्प सिद्धि का सूत्र

स्पष्ट संकल्प → शांत मन → जीवंत दृश्यांकन → भावना → पुनरावृत्ति → दैवी समर्पण → धैर्य

जब ये सभी सही प्रकार से जुड़ते हैं, तब संकल्प सहज रूप से फलित होने लगते हैं।

यही संकल्प को अंतरमन में उतारने की स्वाभाविक विधि है। जागृत मन संकल्प को उच्चारित करता है; अंतरमन उसे स्वीकार करता है; और जीवन धीरे-धीरे उसी दिशा में प्रवाहित होने लगता है।

फल के प्रति अत्यधिक दबाव नहीं होना चाहिए।

3.16 संकल्प सिद्धि को शीघ्र और प्रभावी रूप से साधने में सहायक उपाय

संकल्प को केवल मन में कहना पर्याप्त नहीं है। संकल्प अंतरमन में गहराई से स्थापित होकर जीवन की जीवंत दिशा बने, इसके लिए कुछ सहायक आंतरिक विधियाँ अत्यंत प्रभावी होती हैं। जब ध्यान, श्वास, दृश्यांकन, मौन प्रार्थना, ऊर्जा की अनुभूति और आंतरिक जागरूकता साथ आती हैं, तब संकल्प की ग्रहणशक्ति बढ़ती है।

भारतीय योग परंपरा, ध्यान परंपरा तथा गुरु-मार्गदर्शन में कुछ उपायों को संकल्प सिद्धि के सहायक साधन माना गया है। ये संकल्प को सीधे फलित नहीं करते, परंतु संकल्प के लिए भीतर की भूमि तैयार करते हैं। इस अध्याय में संकल्प सिद्धि में सहायक आठ उपायों को सरल रूप में देखते हैं।

3.16.1 आत्मविश्वास बढ़ाने के लिए मणिपूर चक्र की जागृति

मानव की आंतरिक शक्ति में नाभि क्षेत्र को अत्यंत महत्त्वपूर्ण केंद्र माना गया है। योग परंपरा में इसे मणिपूर चक्र कहा जाता है। यह आंतरिक बल, आत्मविश्वास, निर्णयशक्ति, कार्यशक्ति और व्यक्तित्व की स्थिरता से जुड़ा है। कई बार व्यक्ति में क्षमता होने पर भी भीतर दृढ़ता कम होती है। बोलने के समय झिझक, निर्णय लेते समय संदेह, सार्वजनिक रूप से व्यक्त होने में भय — ये मणिपूर केंद्र की कमजोरी से जुड़े हो सकते हैं।

इसका अर्थ क्या है?

मणिपूर चक्र संतुलित होने पर:

- **भीतर दृढ़ता बढ़ती है**
- **आत्मविश्वास विकसित होता है**
- **निर्णयशक्ति स्पष्ट होती है**
- **संकल्प को क्रियाशक्ति मिलती है**

मणिपूर चक्र सक्रिय करने की विधि

1. सीधे बैठें और आँखें कोमलता से बंद करें। शरीर को पूरी तरह ढीला छोड़ दें।
2. यदि कुर्सी पर बैठे हों तो हाथ और पैर एक-दूसरे पर क्रॉस न हों।
3. यदि भूमि पर बैठे हों तो सीधे फर्श पर न बैठें। आसन, चटाई, कुशन या सूती वस्त्र बिछाकर बैठें। पैर मोड़कर बैठ सकते हैं, पर हाथ क्रॉस न रखें।
4. पहले तीन बार धीरे और गहरी श्वास लें और सामान्य रूप से छोड़ें।
5. फिर श्वास को 10 गिनती तक धीरे-धीरे भीतर लें।
6. श्वास को 10 गिनती तक रोकें। इस समय नाभि क्षेत्र में प्रकाशमान सूर्य की कल्पना करें और उसकी कोमल ऊष्मा अनुभव करें।
7. फिर 10 गिनती तक धीरे-धीरे श्वास छोड़ें। कल्पना करें कि रंगहीन शुद्ध वायु बाहर जा रही है।
8. इस क्रम को कुल 10 चक्र करें।
9. दिन में दो बार अभ्यास किया जा सकता है; दोनों अभ्यासों में कम से कम 6 घंटे का अंतर हो।

10. श्वास को दबाव से न करें; हमेशा सहज और शांत रखें।
11. भारी भोजन के कम से कम 2 घंटे बाद ही यह अभ्यास करें।
12. अभ्यास के बाद भोजन करने से पहले आधा घंटा रुकना अच्छा है; सोने से पहले कम से कम 1 घंटे का अंतर रखें।
13. दैवी सुरक्षा कवच, अन्य ध्यान या मानसिक अभ्यास इस श्वास अभ्यास से पहले करना श्रेष्ठ है।

नियमित अभ्यास से नाभि केंद्र की आंतरिक शक्ति जागृत होकर आत्मविश्वास, स्थिरता और संकल्प की गहराई बढ़ाने में सहायक होती है।

3.16.2 दैवी सुरक्षा कवच (Divine Shield)

कुछ लोग संकल्प करते हुए भी बाहरी नकारात्मक वातावरण, दूसरों की भावनात्मक तरंगों, दुर्घटना के भय, चिंता या अनावश्यक मानसिक दबाव से जल्दी प्रभावित हो जाते हैं। ऐसे समय भीतर सुरक्षा का भाव बनाना बहुत सहायक होता है। ध्यान परंपराओं में इसे **दैवी सुरक्षा कवच या Divine Shield** कहा जाता है।

इस अभ्यास का मूल भाव यह है कि जब मन स्वयं को दैवी प्रकाश के घेरे में देखता है, तब भीतर सुरक्षा, स्थिरता और शांति उत्पन्न होती है। यह भाव संकल्प को बाहरी अशांति से तथा शरीर को दुर्घटनाओं से बचाने में सहायक माना जाता है।

विधि:

1. आँखें कोमलता से बंद करें। शांत स्थान में सीधे बैठें, जैसा 3.16.1 में बताया गया है।
2. तीन बार धीरे-धीरे गहरी श्वास लें और छोड़ें।
3. अब कल्पना करें कि आपके चारों ओर एक शक्तिशाली दैवी कवच निर्मित हो रहा है। जैसे सूर्य के चारों ओर प्रकाशमंडल होता है, वैसे ही आपके चारों ओर फैल रहा है।

वह:

- **श्वेत प्रकाश का घेरा हो सकता है**
- **या स्वर्णिम प्रकाश हो सकता है**

4. मन में 9 बार यह दृढ़ वाक्य दोहराएँ:

   "मैं इस शक्तिशाली दैवी सुरक्षा कवच से प्रतिदिन 24 घंटे पूर्णतः सुरक्षित हूँ। इस कवच के भीतर केवल शुभ शक्ति ही प्रवेश करती है।"

5. प्रतिदिन एक बार अभ्यास करें।

श्रेष्ठ समय:

- **सुबह उठते ही**
- **ध्यान से पहले**
- **संकल्प कहने से पहले**

संकल्प सिद्धि में उपयोग:

दैवी सुरक्षा भाव होने पर:

- **बाहरी नकारात्मक प्रभाव कम होता है**
- **भीतर सुरक्षा बढ़ती है**
- **संकल्प पर विश्वास मजबूत होता है**
- **अनपेक्षित दुर्घटनाएँ दूर रहती हैं**

3.16.3 स्व-चिकित्सा

आंतरिक ऊर्जा, श्वास और दृश्यांकन द्वारा शरीर को संतुलित करने की सरल विधि

मानव शरीर में स्वाभाविक रूप से स्वयं को पुनर्स्थापित करने की अंतर्निहित शक्ति होती है। शरीर की कोशिकाएँ निरंतर स्वयं को पुनर्गठित और संतुलित करती रहती हैं। जब मन शांत होता है, श्वास संतुलित होती है और भीतर उपचार का भाव उत्पन्न होता है, तब यह स्वाभाविक शक्ति अधिक सक्रिय हो जाती है।

इसी कारण कुछ ध्यान परंपराओं में स्व-चिकित्सा (Self-Healing) को संकल्प सिद्धि का सहायक अभ्यास माना जाता है। इस अभ्यास में श्वास, दृश्यांकन, प्रकाश और सकारात्मक वाक्य एक साथ कार्य करते हैं।

विधि:

1. **सीधा बैठें:** 3.16.1 में बताए अनुसार शांत स्थान पर बैठें। दोनों आँखें धीरे से बंद करें। रीढ़ सीधी रखें और शरीर को शिथिल रखें।
2. **श्वेत उपचारकारी प्रकाश भीतर लें:** गहरी श्वास भीतर लें। श्वास लेते समय अनुभव करें कि श्वेत प्रकाशमय ऊर्जा शरीर में प्रवेश कर रही है। श्वास रोकते समय दृश्यांकन करें कि यह ऊर्जा शरीर के प्रत्येक भाग में फैल रही है।
3. **श्वास रोककर सकारात्मक वाक्य जोड़ें:**

   मन ही मन कहें:

   "यह ऊर्जा मेरे शरीर के प्रत्येक अंग को स्वास्थ्य, शक्ति और जीवनशक्ति दे रही है।"

   या

   "यह ऊर्जा मेरे पूरे शरीर को स्वस्थ, सशक्त और ऊर्जावान बना रही है।"
4. **रंगहीन वायु बाहर छोड़ें:** धीरे-धीरे श्वास बाहर छोड़ें और कल्पना करें कि रंगहीन थकी हुई वायु शरीर से बाहर जा रही है। मन यह स्वीकार करता है कि भीतर का तनाव बाहर निकल रहा है।
5. **तीन बार दोहराएँ:** पहले तीन श्वास-चक्र शरीर को तैयार करते हैं।
6. **चौथी श्वास** – पूरे शरीर में ऊर्जा फैलाएँ

   फिर से गहरी श्वास लें, ऊर्जा को पूरे शरीर में फैलाएँ और श्वास बाहर छोड़ें।
7. **पाँचवीं श्वास** – उपचार की आवश्यकता वाले भाग में ऊर्जा भेजें

   फिर श्वास लें और ऊर्जा को विशेष रूप से उस भाग की ओर भेजें जहाँ उपचार आवश्यक है।

   उदाहरण:

   - **हृदय**
   - **पेट**
   - **सिर**
   - **शल्यचिकित्सा वाला क्षेत्र**
8. **श्वास रोकते समय सकारात्मक वाक्य कहें:**

   अब श्वास रोककर, जिस स्थान पर उपचार चाहिए वहाँ ऊर्जा का अनुभव करते हुए भीतर कहें:

"मेरे शरीर का यह भाग ____ (तिथि) तक पूर्णतः स्वस्थ, सशक्त और सुचारु रूप से कार्य कर रहा है।"

उदाहरण:

"31 मई 2026 तक मेरा घुटना पूर्णतः स्वस्थ, सशक्त और सहज रूप से कार्य कर रहा है।"

कभी भी दर्द, चोट, रोग जैसे शब्दों का प्रयोग न करें; इसके स्थान पर ऐसे शब्द प्रयोग करें:

स्वस्थ, सशक्त, संतुलित, सहज, सक्रिय

समय या अवधि क्यों बताई जाए?

जब समय स्पष्ट रूप से कहा जाता है, तब अंतरमन उपचार को दिशा सहित ग्रहण करता है। समय यथार्थवादी होना चाहिए। यदि पूर्ण संतुलन के लिए अधिक समय आवश्यक हो, तो बाद में नई तिथि निर्धारित की जा सकती है।

9. **कितनी बार करें?**

यह अभ्यास किया जा सकता है:

- **आवश्यकता अनुसार कई बार**
- **दिन में एक या दो बार**

संकल्प सिद्धि से संबंध: स्व-चिकित्सा के दौरान:

- **शरीर के प्रति विश्वास बढ़ता है**
- **भय कम होता है**
- **संकल्प उपचारकारी ऊर्जा बन जाता है**

अंतिम समझ

जब शरीर की स्वाभाविक उपचारशक्ति जागृत होती है, तब अनेक अंग स्वाभाविक रूप से संतुलन की दिशा में कार्य करने लगते हैं और आत्मविश्वास भी बढ़ता है। संकल्प भीतर उपचार की दिशा के रूप में कार्य करने लगता है। जब शरीर या मन तनाव में होता है, तब संकल्प की शक्ति कम हो सकती है। इसलिए गहन संकल्प-अभ्यास से पहले स्व-चिकित्सा अनेक बार अत्यंत उपयोगी सिद्ध होती है।

3.16.4 ऊर्जित जल द्वारा उपचार

मंत्र, संकल्प, भावना और जल-ऊर्जा का समन्वय

जल केवल प्यास बुझाने वाला पदार्थ मात्र नहीं है। भारतीय परंपरा में इसे एक सूक्ष्म माध्यम भी माना गया है, जो ऊर्जा, भावना और मंत्र-स्पंदन को ग्रहण कर सकता है। पूजा में पवित्र जल, अभिषेक जल, संकल्प जल और मंत्र-संस्कारित जल को जो महत्त्व दिया जाता है, वह इसी समझ को दर्शाता है। क्योंकि जल स्वभावतः ग्रहणशील है, भारतीय आध्यात्मिक विचारधारा मानती है कि शांति, शुभभावना, मंत्र और संकल्प सूक्ष्म रूप से जल को प्रभावित कर उसमें अंकित हो सकते हैं। इस समझ का प्रतिबिंब निम्न वैदिक मंत्र में मिलता है:

आपो हिष्ठा मयोभुवः

ता न ऊर्जे दधातन।

महे रणाय चक्षसे ॥

अर्थ: जल जो आनंद का स्रोत है, वह हमें ऊर्जा, जीवनशक्ति और आंतरिक प्रकाश प्रदान करे। इसका गहरा अर्थ यह है कि जल केवल शरीर ही नहीं, मन के लिए भी जीवनशक्ति का सूक्ष्म वाहक बन सकता है।

भारतीय संस्कृति में लंबे समय से यह माना गया है:

- **भोजन मानसिक स्पंदन ग्रहण करता है**
- **जल मानसिक स्पंदन ग्रहण करता है**

इसीलिए आदरणीय बुज़ुर्ग सलाह देते थे:

- **भोजन शांत मनःस्थिति में तैयार करो**
- **जल श्रद्धा के साथ ग्रहण करो**

एक अन्य पारंपरिक मंत्र कहता है:

गङ्गे च यमुने चैव गोदावरी सरस्वति।

नर्मदे सिन्धु कावेरी जलेऽस्मिन् सन्निधिं कुरु ॥

अर्थ: इस जल में सभी पवित्र नदियों की पवित्र उपस्थिति विद्यमान हो।

संकल्प ऊर्जित जल तैयार करने की विधि:

1. **शांत बैठें**

   ऐसा स्थान चुनें जहाँ कोई व्यवधान न हो।

2. **अपने सामने जल का एक गिलास रखें**

   पारदर्शी काँच का गिलास या ताँबे का पात्र अधिक उपयुक्त है।

3. **दोनों हाथ जल के ऊपर रखें**

   हाथ जल के ऊपर रखते हुए आँखें बंद करें।

4. **तीन गहरी श्वास लें**

5. **तीन गहरी श्वास के बाद सामान्य श्वास लेते हुए भीतर तीन बार वाक्य दोहराएँ।**

   इनमें से कोई एक वाक्य चुनें:

   - **यह जल उपचारकारी ऊर्जा से पूर्ण है।**
   - **यह जल शक्ति, स्वास्थ्यलाभ और आंतरिक शांति दे रहा है।**
   - **यह जल दिव्य उपचारकारी ऊर्जा से पूर्ण है और इसके द्वारा शरीर की प्रत्येक कोशिका तुरंत स्वास्थ्य, जीवनशक्ति और आनंद प्राप्त कर रही है।**

   इस समय निम्न मंत्रों का जप भी किया जा सकता है:

   - **गायत्री मंत्र**
   - **महामृत्युंजय मंत्र**
   - **हनुमान मंत्र**

मंत्र जल में ध्वनि-स्पंदन जोड़ता है। परंपरागत अभ्यास में यह भी माना जाता है कि ध्यान करते समय सामने रखा गया जल, अभ्यास के दौरान उत्पन्न शांति, सूक्ष्म स्पंदन और एकाग्र संकल्प को धीरे-धीरे ग्रहण करता है।

6. प्रकाश-ऊर्जा को जल में प्रवेश करते हुए देखें:

कल्पना करें कि आपके हाथों से शक्तिशाली श्वेत या स्वर्णिम प्रकाश जल में प्रवाहित हो रहा है। लगभग 20 से 60 सेकंड तक अनुभव करें कि ऊर्जा जल में प्रवेश कर रही है, जब तक भीतर यह अनुभव न हो कि जल सकारात्मक ऊर्जा से भर गया है।

7. स्वयं पिएँ या दूसरों को दें

आप इसे स्वयं ग्रहण कर सकते हैं या दूसरों को भी दे सकते हैं।

जब किसी अन्य व्यक्ति को दें, तब मन में दृश्यांकन करें:

- **वे स्वस्थ होकर मुस्कुरा रहे हैं**
- **उनका शरीर सशक्त हो रहा है और वे पूर्णतः स्वस्थ हैं**
- **वे शांति, ऊर्जा और स्वास्थ्य के साथ अत्यंत प्रसन्न हैं**

संकल्प से संबंध

यहाँ चार तत्व एक साथ कार्य करते हैं:

मंत्र + संकल्प + भावना + जल ग्रहण

- **मंत्र स्पंदन देता है**
- **संकल्प दिशा देता है**
- **भावना जीवन देती है**
- **जल वाहक बनता है**

यह प्रभावी क्यों प्रतीत होता है

ऐसा जल पीते समय व्यक्ति केवल जल नहीं पीता; भीतर एक सकारात्मक संकेत / ऊर्जा को स्वीकार करता है।

यह प्रायः सहायक होता है:

- **भय कम करने और आत्मविश्वास बढ़ाने में**
- **मन को शांत कर प्रसन्न एवं स्वस्थ अनुभव कराने में**

- **आंतरिक उपचार-प्रतिक्रिया को मजबूत करने में**

जिस जल पर मंत्र जपा गया हो, उसके बारे में परंपरागत विश्वास है कि वह केवल शारीरिक पोषण ही नहीं, बल्कि शांति, शक्ति और आंतरिक संतुलन के सूक्ष्म स्पंदन भी साथ लेकर चलता है, जो धीरे-धीरे मन को प्रभावित करते हैं।

3.16.5 दूसरों के लिए सकारात्मक विचार-रूपों का निर्माण

हितभाव से आप अपने बच्चों, निकट परिवारजनों, संबंधियों और मित्रों के लिए सकारात्मक विचार-रूप निर्मित कर उन्हें भेज सकते हैं। इससे उनके स्वास्थ्य, ज्ञान, प्रसन्नता, आत्मविश्वास और सौभाग्य में सहायता मिल सकती है। अनेक आध्यात्मिक परंपराएँ मानती हैं कि मानव का विचार केवल अपने भीतर सीमित नहीं रहता; जब वह भावना से जुड़ता है तो सूक्ष्म प्रभाव उत्पन्न करता है। विशेष रूप से शुभभावना, देखभाल, प्रेम और स्पष्ट संकल्प से बने विचार दूसरों की ओर हितकारी आंतरिक सहयोग के रूप में भेजे जा सकते हैं।

उद्देश्य

यह निम्न हेतु उपयोग किया जा सकता है:

- **स्वास्थ्य में सुधार**
- **अध्ययन में एकाग्रता**
- **मानसिक शांति**
- **आत्मविश्वास**
- **अच्छे अवसर**
- **आंतरिक संतुलन**

विधि:

1. **आँखें बंद रखते हुए तीन गहरी श्वास लें।**

   गहरी श्वास भीतर लें, थोड़ी देर रोकें और धीरे-धीरे बाहर छोड़ें। इसे तीन बार दोहराएँ।

2. आँखें खोलने के बाद दोनों हाथ आमने-सामने रखें

दोनों हाथों को आगे इस प्रकार वक्र रखें जैसे कोई गेंद पकड़े हों। उँगलियों के सिरे एक-दूसरे को स्पर्श न करें। अनुभव करें कि दोनों हाथों के बीच एक ऊर्जा-गोला बन रहा है।

3. आँखें खुली रखें और ऊर्जा-गोले पर ध्यान दें

हाथों के बीच के खाली स्थान पर कोमल ध्यान रखें। वहाँ सूक्ष्म प्रकाश या ऊर्जा का अनुभव करें।

4. भीतर स्पष्ट संदेश कहें

जिस व्यक्ति के लिए विचार भेज रहे हैं, उसका नाम मन में रखें और स्पष्ट रूप से कहें।

उदाहरण:

- **मेरा पुत्र शांत मन से पढ़ रहा है और 90% अंक प्राप्त कर चुका है।**
- **उसका आत्मविश्वास दिन-प्रतिदिन बढ़ रहा है।**
- **उसने ____ तिथि तक परीक्षा में उत्कृष्ट सफलता प्राप्त कर ली है।**
- **मेरा मित्र 5 दिनों के भीतर पूर्णतः स्वस्थ हो चुका है।**

मु ख्य नियम

संदेश स्पष्ट होना चाहिए:

- **क्या चाहिए**
- **किसके लिए**
- **किस क्षेत्र में**
- **संभव हो तो समय संकेत सहित**

5. सामान्य श्वास लेते हुए ध्यान बनाए रखें, जब तक अनुभव न हो कि विचार पूर्ण ऊर्जा-रूप ले चुका है। इसमें लगभग 20 से 60 सेकंड लग सकते हैं।

6. 1 से 3 तक गिनें और विचार-रूप को छोड़ें

जब अनुभव हो कि विचार-रूप आपके संदेश सहित पूर्ण हो गया है, तब हाथों से उस गोलाकार ऊर्जा को धीरे से आगे भेजें और अनुभव करें कि वह संबंधित व्यक्ति तक पहुँचकर

कार्य कर रही है। दृश्यांकन करें कि वह व्यक्ति इस ऊर्जा को ग्रहण कर प्रसन्नता का अनुभव कर रहा है।

7. अगले विचार-रूप के लिए

फिर से एक गहरी श्वास लें और वही प्रक्रिया दोहराएँ।

8. दिन में कितनी बार?

आवश्यकता अनुसार दिन में कई बार किया जा सकता है, पर प्रत्येक विचार स्पष्ट होना चाहिए।

9. कहाँ उपयोगी है?

बच्चों के लिए:

- **पढ़ाई में एकाग्रता**
- **भय कम करना**
- **आत्मविश्वास बढ़ाना**
- **बेहतर प्रदर्शन**

अस्वस्थ व्यक्तियों के लिए:

- **शीघ्र स्वास्थ्यलाभ**
- **शांति**
- **सफल शल्यचिकित्सा**

मित्रों के लिए:

- **सफल नौकरी**
- **कार्य**
- **महत्त्वपूर्ण कार्यक्रम**

मुख्य संकेत

यह सदैव केवल शुभभावना, बिना दबाव और शुद्ध उद्देश्य से किया जाना चाहिए।

शुद्ध हृदय से निर्मित विचार अनेक बार दूसरे व्यक्ति तक मौन आशीर्वाद की तरह पहुँचते हैं।

3.16.6 सरल दैनिक लक्ष्य-स्थापन अभ्यास

सोने से पहले मन स्वाभाविक रूप से अधिक कोमल हो जाता है। दिनभर का मानसिक शोर कम हो जाता है और जागृत मन का प्रतिरोध भी कमज़ोर पड़ता है। इस समय अंतरमन अधिक ग्रहणशील हो जाता है। इसलिए सोने से कुछ मिनट पहले दैनिक लक्ष्य भीतर स्थापित करना अत्यंत प्रभावी माना जाता है।

विधि:

1. **सोने की स्थिति:** बिस्तर पर सहजता से लेटें। यदि सुविधाजनक हो तो शरीर का ऊपरी भाग लगभग 30 से 45 डिग्री तक थोड़ा ऊँचा रखें। पूरे शरीर को शिथिल होने दें।
2. **आँखें बंद करें:** बाहरी विचारों को धीरे-धीरे शांत होने दें।
3. **उलटी गिनती करें:** धीरे-धीरे 30 से 1 तक उलटी गिनती करें।

   उदाहरण:

   30... 29... 28... 27...

   यह मानसिक तरंगों को शांत करता है।
4. **मन में एक चलचित्र बनाएँ:** अब अपने लक्ष्य को एक छोटे चलायमान दृश्य की तरह देखें।

   उदाहरण:

   - **मंच पर आत्मविश्वास से बोलना**
   - **उत्कृष्ट परीक्षा परिणाम प्राप्त करना**
   - **पूर्ण स्वास्थ्य में चलना**
   - **साक्षात्कार को सफलतापूर्वक पूर्ण करना**
   - **परिवार में सामंजस्य**
   - **अपने स्थान पर घर बनाना**

5. **इसे पहले से पूर्ण हुई वास्तविकता की तरह देखें:** भविष्य की इच्छा की तरह नहीं, वर्तमान वास्तविकता की तरह।

6. **भावना जोड़ें: अनुभव करें:**

   - **शांति**
   - **आनंद**
   - **कृतज्ञता**
   - **आत्मविश्वास**

7. **कृतज्ञता के साथ समाप्त करें: भीतर कहें:**

   यह लक्ष्य दैवी कृपा से सहज रूप से पूर्ण हो चुका है। धन्यवाद।

उदाहरण:

मंच-भय दूर करने हेतु:

मैं सभा में आत्मविश्वास से बोल रहा हूँ; सभी ध्यानपूर्वक सुन रहे हैं और प्रशंसा कर रहे हैं।

स्वास्थ्य:

मेरा शरीर हल्का अनुभव हो रहा है; मैं पूर्ण स्वास्थ्य में चल रहा हूँ।

कार्य:

मेरा कार्य सफलतापूर्वक पूर्ण हो चुका है; मैं संतुलन के साथ कार्य कर रहा हूँ।

8. **रात्रि का समय प्रभावी क्यों है?**

रात्रि में:

- **जागृत मन के प्रश्न कम हो जाते हैं**
- **अंतरमन की स्वीकृति बढ़ जाती है**

सोने से पहले देखा गया स्पष्ट लक्ष्य भीतर बीज की तरह स्थापित हो जाता है और धीरे-धीरे जीवन की दिशा को आकार देने लगता है।

3.16.7 सरल ध्यान विधि

सीधे बैठें — कुर्सी पर या पद्मासन / सुखासन में। यदि कुर्सी पर बैठें तो पैर क्रॉस न करें। दायाँ हाथ बाएँ हाथ के ऊपर गोद में रखें और दोनों अँगूठों के अग्रभाग को हल्के से स्पर्श कराएँ। (यदि भूमि पर बैठ रहे हों तो पीठ को हल्का सहारा देने हेतु दीवार, सोफा आदि का उपयोग कर सकते हैं।)

धीरे से आँखें बंद करें। **लगभग 3 मिनट तक सहज श्वास लेते हुए नाक से भीतर आने और बाहर जाने वाली वायु को देखते रहें।**

फिर धीरे-धीरे ध्यान को भृकुटि-मध्य (आज्ञा चक्र) पर ले जाएँ और वहाँ प्रातःकालीन शीतल उदय होते सूर्य की कल्पना करें (शीतल प्रातःकालीन सूर्य)।

लगभग 15 मिनट तक उसी जागरूकता में रहें।

जैसे-जैसे ध्यान गहराता है, कभी-कभी अँगूठे अलग हो सकते हैं। यदि ऐसा ध्यान में आए तो उन्हें फिर से हल्के से मिला दें।

अपने सामने दीवार पर एक बड़े सूर्योदय का चित्र लगाने से आंतरिक दृश्यांकन में सहायता मिल सकती है।

इन 15 मिनट के ध्यान के बाद, आँखें बंद रखते हुए अपने संकल्पों को एक-एक करके स्मरण करें, यह अनुभव करते हुए कि वे पूर्ण हो चुके हैं और आप उनके कारण प्रसन्न हैं।

सभी संकल्प पूर्ण होने के बाद ईश्वर / परम चेतना के प्रति कृतज्ञता व्यक्त करें और धीरे-धीरे आँखें खोलें।

टिप्पणी

ऋषि परंपरा में ध्यान की अनेक विधियाँ विकसित हुई हैं। गहरा अनुभव प्राप्त करने के लिए गुरु-मार्गदर्शन अत्यंत मूल्यवान है। इस संदर्भ में **श्री गोपालकृष्ण भट्ट गुरूजी** की योगनिद्रा साधनाएँ तथा **डॉ. श्री रामचंद्र गुरूजी** की चक्रध्यान पद्धतियाँ मानसिक शुद्धता, आंतरिक शांति और संकल्प की स्थिरता के लिए विशेष रूप से सहायक हैं। मार्गदर्शन में सीखा गया ध्यान अभ्यास को अत्यंत गहराई देता है।

3.16.8 दैनिक लेखन

जीवन के महत्त्वपूर्ण क्षेत्रों के बारे में प्रतिदिन कुछ मिनट लिखना अत्यंत प्रभावी है। यह केवल लेखन नहीं; यह एक आंतरिक विधि है जो दैनिक विचारों को दिशा देती है।

अस्पष्ट इच्छाएँ लिखने पर स्पष्ट हो जाती हैं। स्पष्ट विचार संकल्प के रूप में अंतरमन तक अधिक सहजता से पहुँचते हैं। संक्षेप में नहीं, बल्कि स्पष्ट और जीवंत रूप में लिखें; यथासंभव वर्तमानकाल में लिखें। केवल सकारात्मक शब्दों का प्रयोग करें।

उदाहरण

मैं अच्छे स्वास्थ्य, हल्केपन और संतुलन के साथ जीवन जी रहा हूँ। मेरे शरीर का प्रत्येक अंग ठीक प्रकार से कार्य कर रहा है। मेरे पैर सुचारु रूप से कार्य कर रहे हैं। मेरे हाथ और पैर मजबूत हैं।

मेरा पाचनतंत्र, हृदय, फेफड़े, नसें और सभी अंग स्वस्थ हैं। प्रत्येक रक्त कोशिका संतुलित है। नई जीवनशक्ति और शक्ति मेरे शरीर में प्रवाहित हो रही है।

किन विषयों पर लिखें:

- स्वास्थ्य
- जीवन की दिशा
- शिक्षा
- नौकरी
- आर्थिक संतुलन
- परिवार
- संबंध
- आत्मविश्वास
- मानसिक शांति
- आध्यात्मिक विकास

नौकरी का उदाहरण:

मैं अपनी क्षमता के अनुरूप एक उत्तरदायी पद पर शांत और आत्मविश्वास के साथ कार्य कर रहा हूँ।

मेरे निर्णय स्पष्ट और समयानुकूल हैं। मेरे विचार, वाणी और कर्म में सामंजस्य है।

सहकर्मियों और वरिष्ठों के साथ अच्छा सहयोग बढ़ रहा है। जो भी कार्य मैं लेता हूँ, वह सफलतापूर्वक पूर्ण होता है। नए अवसर उचित समय पर आ रहे हैं। मेरा ज्ञान, अनुभव और नेतृत्व प्रतिदिन बढ़ रहा है। मेरे कार्य में सम्मान, स्थिरता और संतोष बढ़ रहे हैं।

टिप्पणी

लिखते समय सकारात्मक शब्दों का प्रयोग करें। जैसे — **"मैं बीमारी से उबर रहा हूँ" या "मेरे पैर का दर्द ठीक हो गया है"** — ऐसे वाक्यों से बचें। मन भावनाओं और आंतरिक प्रभावों पर अधिक प्रतिक्रिया करता है; इसलिए यदि बीमारी या दर्द जैसे शब्द बार-बार प्रयुक्त हों तो वे उसी प्रभाव को भीतर बनाए रख सकते हैं। इसलिए **संकल्प को सकारात्मक भाषा** में लिखना और नकारात्मक शब्दों से बचना अधिक उपयुक्त है।

प्रतिदिन 2 से 5 पृष्ठ लिखना आत्मविश्वास बढ़ाने के लिए अच्छा है। यह संकल्प लेखन से भिन्न है।

3.17 ध्यान के लिए पूर्वतैयारी की आवश्यक स्थितियाँ

ध्यान केवल बैठना नहीं है; कुछ स्थितियाँ मन, शरीर और वातावरण को स्वाभाविक रूप से स्थिर होने में सहायता करती हैं।

1. जागने के तुरंत बाद करना श्रेष्ठ है
2. खाली पेट करना अधिक उपयुक्त है
3. शांत स्थान चुनें
4. प्राकृतिक वायु का प्रवाह हो
5. सरल और आरामदायक आसन रखें
6. ढीले वस्त्र पहनें

7. मोबाइल उपकरण दूर रखें
8. गहरी श्वास द्वारा मन को शांत करें
9. प्रतिदिन एक ही समय लाभकारी है
10. गुरु-मार्गदर्शन अभ्यास को अधिक गहरा बनाता है

समूह में ध्यान करने से भी एक सूक्ष्म सामूहिक शांति-क्षेत्र निर्मित होता है, क्योंकि अनेक मन एक साथ स्थिर होते हैं।

हमारी भोजन आदतें भी ध्यान की प्रभावशीलता को प्रभावित करती हैं। 50% कच्ची सब्जियाँ (अमृत भोजन — बिना पकाया हुआ भोजन जैसे सब्जियाँ, अंकुरित अनाज, फल, सूखे मेवे, रस आदि) लेने की सलाह दी जाती है तथा चाय, कॉफी और मदिरा से बचना उचित माना जाता है। इसे एक माह तक अपनाकर अनुभव किया जा सकता है; यदि लाभ स्पष्ट अनुभव हो तो आगे जारी रखने का निर्णय लिया जा सकता है।

3.18 ध्यान के दौरान तीन महत्त्वपूर्ण मानसिक नियम

3.18.1 विचारों को रोकने का प्रयास न करें

विचार स्वाभाविक रूप से आएँगे। उन्हें आने दें और बादलों की तरह गुजरने दें।

3.18.2 विचारों का पीछा न करें

यदि कोई विचार आए तो उसकी कथा आगे न बढ़ाएँ।

3.18.3 जानबूझकर नए विचार न बनाएँ

ध्यान योजना बनाने या नए विचार उत्पन्न करने का समय नहीं है।

सारांश:

- **विचारों को न रोकें**
- **विचारों का पीछा न करें**
- **नए विचार न बनाएँ**

अध्याय 3 का अंतिम विचार

जागृत मन संकल्प बोलता है; अंतरमन उसे ग्रहण करता है; समय, कर्म और दैवी कृपा जीवन को धीरे-धीरे उसी दिशा में ले जाते हैं। जब मन शुद्ध होता है, संकल्प स्पष्ट होता है; जब संकल्प स्पष्ट होता है, दिशा जन्म लेती है; और जब दिशा जन्म लेती है, तब उपलब्धि का आंतरिक द्वार खुलता है।

अध्याय 4

सात शरीर, सात चक्र और संकल्प सिद्धि का आंतरिक संबंध

मानव अस्तित्व की परतें, चेतना के स्तर और संकल्प का सूक्ष्म कार्य

मनुष्य को सामान्यतः उसके भौतिक शरीर से पहचाना जाता है — चेहरा, शरीर की गति, वाणी, स्वास्थ्य और बाहरी व्यवहार। यही वे पहलू हैं जो प्रत्यक्ष दिखाई देते हैं। किन्तु भारतीय दार्शनिक परंपरा में मनुष्य को केवल शरीर नहीं माना गया है। प्राचीन ऋषियों के अनुभव के अनुसार मानव अस्तित्व अनेक आंतरिक स्तरों से बना है। बाहर दिखाई देने वाला शरीर केवल एक स्तर है; उसके भीतर प्राणशक्ति, मन, भावना, बुद्धि, चेतना और आत्मा की सूक्ष्म उपस्थिति कार्य करती रहती है।

इसी कारण कभी शरीर स्वस्थ दिखाई देता है, पर मन अशांत रहता है; और कभी बाहरी परिस्थितियाँ कठिन होने पर भी भीतर शांति बनी रहती है। संकल्प सिद्धि के संदर्भ में यह अत्यंत महत्वपूर्ण है, क्योंकि संकल्प केवल शब्द नहीं है; वह इन आंतरिक परतों से होकर गुजरता है और धीरे-धीरे जीवन की दिशा बदलता है।

जब कोई व्यक्ति संकल्प करता है, तो उसका प्रभाव केवल विचार तक सीमित नहीं रहता। यदि संकल्प बार-बार स्पष्टता, भावना और विश्वास के साथ दोहराया जाए, तो वह शरीर, श्वास, मन, भावनाओं, निर्णयों और अंततः जीवन की दिशा पर प्रभाव डालता है। इसलिए संकल्प सिद्धि को समझने के लिए मानव अस्तित्व की आंतरिक संरचना को समझना अत्यंत आवश्यक है।

4.1 भारतीय परंपरा में सात शरीरों की अवधारणा

यद्यपि विभिन्न योग और आध्यात्मिक परंपराओं में वर्णन में थोड़ा भेद मिलता है, फिर भी मानव अस्तित्व को सामान्यतः सात आंतरिक स्तरों में समझाया जाता है:

- **भौतिक शरीर**
- **प्राणिक शरीर**
- **मानसिक शरीर**
- **बौद्धिक शरीर**

- **आनन्दमय शरीर**
- **चेतना स्तर**
- **आत्मा की उपस्थिति**

नाम भिन्न हो सकते हैं, पर मूल सिद्धांत एक ही है — मनुष्य बहुस्तरीय चेतना का जीवंत स्वरूप है।

4.1.1 भौतिक शरीर — जीवन का पहला दृश्य स्तर

यह शरीर भोजन, नींद, श्रम, स्वास्थ्य, चाल-ढाल और दैनिक गतिविधियों के माध्यम से व्यक्त होता है।

यह वही स्तर है जिसे हम सबसे पहले पहचानते हैं।

यहाँ संकल्प कैसे कार्य करता है?

यदि कोई व्यक्ति बार-बार स्पष्ट भाव से कहता है:

"मैं स्वस्थ जीवन जी रहा हूँ।"

तो धीरे-धीरे व्यवहार बदलना शुरू होता है:

- **समय पर जागना**
- **भोजन में अनुशासन**
- **शरीर के प्रति सजगता**
- **अनावश्यक थकान से बचना**

अर्थात् संकल्प सबसे पहले व्यवहार को बदलता है।

4.1.2 प्राणिक शरीर — श्वास की शक्ति

प्राण शरीर को जीवनशक्ति देता है। श्वास केवल वायु का आदान-प्रदान नहीं है; यह मानसिक स्थिति से गहराई से जुड़ा है।

यदि श्वास तीव्र हो:

- **मन चंचल होता है**
- **चिंता बढ़ती है**

यदि श्वास धीमी हो:

- **मन शांत होता है**
- **ग्रहणशीलता बढ़ती है**

इसी कारण संकल्प से पहले तीन गहरी श्वास अत्यंत प्रभावी मानी जाती हैं।

जब श्वास संतुलित होती है, तब संकल्प भीतर अधिक गहराई से उतरता है।

4.1.3 मानसिक शरीर — भावनाओं का स्तर

यहाँ संग्रहित रहते हैं:

- **भय**
- **क्रोध**
- **अपमान**
- **अपेक्षाएँ**
- **इच्छाएँ**
- **पुरानी स्मृतियाँ**

कोई व्यक्ति बाहर से कह सकता है:

"मैं सफल हो रहा हूँ।"

किन्तु भीतर यदि आवाज़ उठे:

"क्या यह वास्तव में संभव है?"

तो संकल्प कमजोर पड़ सकता है।

अतः मानसिक स्तर पर संकल्प तभी गहराई से कार्य करता है जब भावनात्मक विरोध कम हो।

4.1.4 बौद्धिक शरीर — आंतरिक स्पष्टता

यह वह स्तर है जहाँ भीतर सही निर्णय प्रकाश की तरह उभरता है।

कभी अचानक व्यक्ति को स्पष्ट हो जाता है:

- **कौन-सा मार्ग उचित है**
- **क्या छोड़ना है**
- **किस दिशा में बढ़ना है**

यहीं संकल्प दिशा प्राप्त करता है।

4.1.5 आनन्दमय शरीर — बिना बाहरी कारण की शांति

यह वह स्तर है जहाँ बाहरी परिस्थितियाँ पूर्णतः अनुकूल न होने पर भी भीतर कोमल शांति बनी रह सकती है।

इस अवस्था में:

- **संकल्प शुद्ध होता है**
- **आग्रह कम होता है**
- **भीतर विश्वास बढ़ता है**

4.1.6 चेतना स्तर — साक्षी भाव

इस अवस्था में व्यक्ति विचारों को देखना शुरू करता है।

भीतर यह समझ विकसित होती है:

"विचार मेरे भीतर उठ रहे हैं, पर मैं हर विचार नहीं हूँ; मैं उन्हें देखने वाला हूँ।"

यह संकल्प सिद्धि में अत्यंत सहायक है क्योंकि:

- **भय का प्रभाव घटता है**
- **संदेह शांत होता है**
- **मानसिक प्रतिरोध कम होता है**

ध्यान में यह अवस्था स्पष्ट रूप से अनुभव होती है।

4.1.7 आत्मा की उपस्थिति — मौन की गहराई

विचार, भावना और निरीक्षण से भी गहरे एक मौन की उपस्थिति होती है।

इस स्तर पर संकल्प व्यक्तिगत आग्रह से आगे बढ़कर समर्पण बनता है।

भीतर भाव आता है:

"मैं इसे स्पष्ट रूप से अर्पित करता हूँ; जीवन उचित रूप से खुलने दे।"

यहाँ संकल्प अधिक शांत, अधिक सूक्ष्म और अधिक शक्तिशाली हो जाता है।

4.2 सात चक्रों का परिचय

योग परंपरा में शरीर के सात प्रमुख ऊर्जा केन्द्रों को **चक्र** कहा जाता है। ये चक्र केवल प्रतीकात्मक अवधारणाएँ नहीं हैं; इन्हें मानव चेतना, भावनात्मक स्थिति, मानसिक प्रवाह और जीवन की दिशा से जुड़े सूक्ष्म ऊर्जा केन्द्र माना गया है।

सात प्रमुख चक्र इस प्रकार हैं:

- **मूलाधार**
- **स्वाधिष्ठान**
- **मणिपूर**
- **अनाहत**
- **विशुद्धि**
- **आज्ञा**
- **सहस्रार**

4.2.1 मूलाधार — स्थिरता और सुरक्षा का आधार

रंग: लाल

मुख्य ऊर्जा: सुरक्षा, धरातलीय स्थिरता, शारीरिक स्थिरता, आर्थिक सुरक्षा, जीवनरक्षा की मूल प्रवृत्ति

मूलाधार जीवन की स्थिरता और मूल सुरक्षा से संबंधित आधारभूत ऊर्जा केन्द्र है। यह भीतर समर्थ होने, जड़ से जुड़े रहने और आंतरिक स्थिरता का अनुभव देने वाला केन्द्र माना जाता है। जब यह चक्र संतुलित होता है, तब व्यक्ति सामान्यतः भावनात्मक स्थिरता, व्यावहारिक स्पष्टता और घर, जीविका तथा आर्थिक विषयों में अधिक आत्मविश्वास अनुभव करता है।

जब मूलाधार असंतुलित होता है, तब बाहरी परिस्थितियाँ अपेक्षाकृत ठीक होने पर भी भीतर भय, असुरक्षा, अनिश्चितता या निरंतर अस्थिरता का अनुभव उत्पन्न हो सकता है।

संकल्प के संदर्भ में यह चक्र विशेष रूप से जुड़ा है:

- **घर**
- **रोजगार**
- **आर्थिक आधार**
- **शारीरिक सुरक्षा**
- **जीवन के निर्णयों में स्थिरता**

अतः मूलाधार से संबंधित संकल्प में स्थिरता और भीतर समर्थन की भावना होना आवश्यक है।

उपयुक्त संकल्प:

"मेरे जीवन में स्थिरता निरंतर बढ़ रही है और मैं भीतर से समर्थ अनुभव कर रहा हूँ।"

4.2.2 स्वाधिष्ठान — भावना और सृजनशीलता का प्रवाह

रंग: नारंगी

मुख्य ऊर्जा: संबंध, सृजनशीलता, भावना, भावनात्मक प्रवाह

स्वाधिष्ठान चक्र भावनाओं के स्वाभाविक प्रवाह, संबंधों, रचनात्मकता और आंतरिक अनुकूलनशीलता से जुड़ा है। यह प्रभावित करता है कि व्यक्ति भावनात्मक जुड़ाव को कैसे अनुभव करता है, परिवर्तन का कैसे उत्तर देता है और अपनी आंतरिक संवेदनशीलता को कैसे व्यक्त करता है।

जब यह केन्द्र संतुलित होता है, तब भावनाएँ बिना अत्यधिक अशांति के स्वाभाविक रूप से प्रवाहित होती हैं और संबंध अधिक सामंजस्यपूर्ण बनते हैं।

जब यह असंतुलित होता है, तब भावनात्मक अस्थिरता, अत्यधिक आसक्ति, आंतरिक बेचैनी या संबंधों में कठिनाई उत्पन्न हो सकती है।

संकल्प के संदर्भ में यह चक्र जुड़ा है:

- **पारिवारिक सामंजस्य**
- **संबंध**
- **सृजनशीलता**
- **भावनात्मक संतुलन**

उपयुक्त संकल्प:

"मेरी भावनाएँ संतुलित प्रवाह में हैं और मेरे भीतर आंतरिक सामंजस्य बढ़ रहा है।"

4.2.3 मणिपूर — आत्मविश्वास और आंतरिक शक्ति का केन्द्र

रंग: पीला

मुख्य ऊर्जा: कार्य, निर्णय, आंतरिक शक्ति, क्रियाशक्ति

नाभि क्षेत्र में स्थित मणिपूर चक्र आत्मविश्वास, निर्णय क्षमता, इच्छाशक्ति और कार्यान्वयन से गहराई से जुड़ा है। यह व्यक्ति को स्पष्टता के साथ कार्य करने, जिम्मेदारी लेने और शक्ति के साथ आगे बढ़ने की क्षमता देता है।

जब यह चक्र संतुलित होता है, तब व्यक्ति कार्य में स्पष्टता, नेतृत्व में स्थिरता और भीतर आत्मविश्वास अनुभव करता है।

जब यह दुर्बल होता है, तब संकोच, भय, निर्णयहीनता या आंतरिक शक्ति की कमी अनुभव हो सकती है।

संकल्प अभ्यास में मणिपूर विशेष रूप से जुड़ा है:

- **कार्यक्षेत्र**
- **उपलब्धि**
- **नेतृत्व**

- **जिम्मेदारी**

उपयुक्त संकल्प:

"मैं आत्मविश्वास, स्पष्टता और आंतरिक शक्ति के साथ कार्य कर रहा हूँ।"

4.2.4 अनाहत — प्रेम और आंतरिक शुद्धता का केन्द्र

रंग: हरा / गुलाबी

मुख्य ऊर्जा: क्षमा, प्रेम, करुणा, भावनात्मक उपचार

अनाहत हृदय केन्द्र का प्रतिनिधित्व करता है, जहाँ प्रेम, करुणा, क्षमा और भावनात्मक उपचार गहराते हैं। यह व्यक्ति को कोमलता के साथ शक्ति और शक्ति के साथ कोमलता अनुभव करने में सहायता देता है।

जब यह चक्र संतुलित होता है, तब संबंध अधिक कोमल होते हैं, भावनात्मक घाव धीरे-धीरे नरम पड़ते हैं और करुणा स्वाभाविक रूप से बढ़ती है।

जब यह असंतुलित होता है, तब चोट, कटुता, भावनात्मक भारीपन या क्षमा में कठिनाई बनी रह सकती है।

संकल्प में यह चक्र गहराई से जुड़ा है:

- **पारिवारिक सामंजस्य**
- **संबंधों का उपचार**
- **भावनात्मक शांति**
- **करुणा**

उपयुक्त संकल्प:

"प्रेम, करुणा और क्षमा मेरे भीतर कोमलता से प्रवाहित हो रहे हैं।"

4.2.5 विशुद्धि — शुद्ध अभिव्यक्ति का केन्द्र

रंग: नीला

मुख्य ऊर्जा: अभिव्यक्ति, वाणी की शुद्धता, सत्यपूर्ण संप्रेषण

विशुद्धि चक्र वाणी, अभिव्यक्ति, सत्यपूर्ण संवाद और शब्दों की स्पष्टता से संबंधित है। यह प्रभावित करता है कि विचार शब्दों में कैसे बदलते हैं और शब्द दूसरों को कैसे प्रभावित करते हैं।

जब यह संतुलित होता है, तब वाणी स्पष्ट, शांत और सार्थक होती है।

जब यह असंतुलित होता है, तब अभिव्यक्ति अवरुद्ध, अत्यधिक, कठोर या भ्रमपूर्ण हो सकती है।

संकल्प अभ्यास में विशुद्धि जुड़ा है:

- **बोले गए संकल्प**
- **प्रार्थना**
- **संवाद**
- **शिक्षण**
- **सार्वजनिक वक्तृत्व**

उपयुक्त संकल्प:

"मेरी वाणी स्पष्ट, शांत और सार्थक है।"

4.2.6 आज्ञा — आंतरिक दृष्टि का केन्द्र

रंग: गहरा नीला

मुख्य ऊर्जा: एकाग्रता, आंतरिक दृष्टि, सूक्ष्म स्पष्टता

आज्ञा चक्र आंतरिक दृष्टि, एकाग्रता, मानसिक स्पष्टता और स्पष्ट मानसिक चित्र धारण करने की क्षमता से जुड़ा है। दृश्यांकन, अंतर्दृष्टि और गहरी समझ में इसकी महत्त्वपूर्ण भूमिका होती है।

जब यह संतुलित होता है, तब मन अधिक स्पष्ट होता है, विचार केंद्रित होते हैं और दिशा अधिक स्पष्ट दिखाई देती है।

जब यह असंतुलित होता है, तब भ्रम, बिखरे विचार और अनिश्चितता बढ़ सकती है।

संकल्प में यह विशेष रूप से जुड़ा है:

- **दृश्यांकन**

- **मानसिक स्पष्टता**
- **लक्ष्य की दिशा**
- **आंतरिक चित्र**

उपयुक्त संकल्प:

"मेरा लक्ष्य मेरे मन में स्पष्ट दिखाई दे रहा है और मेरी दिशा स्पष्ट हो रही है।"

4.2.7 सहस्रार — समर्पण और दैवी संबंध का केन्द्र

रंग: श्वेत / बैंगनी

मुख्य ऊर्जा: दैवी संबंध, समर्पण, उच्च चेतना

सहस्रार उच्च चेतना, समर्पण और दैवी उपस्थिति के प्रति आंतरिक स्पस्टता दर्शाता है। यह व्यक्तिगत नियंत्रण से अधिक व्यापक चेतना के साथ मौन सामंजस्य का केन्द्र है।

जब यह संतुलित होता है, तब व्यक्ति गहरी शांति, विनम्रता और आध्यात्मिक स्पष्टता का अनुभव करता है। जब यह असंतुलित होता है, तब भीतर अलगाव या मानसिक भारीपन अनुभव हो सकता है।

संकल्प में यह जुड़ा है:

- **प्रार्थना**
- **समर्पण**
- **विश्वास**
- **आध्यात्मिक अर्पण**

उपयुक्त संकल्प:

"मैं शांत भाव से दैवी शक्ति को समर्पित हूँ और भीतर से मार्गदर्शित हूँ।"

4.2.8 सात चक्रों का सार और संकल्प से उनका संबंध

चक्र	शरीर में स्थान	रंग	मुख्य ऊर्जा	संकल्प से संबंधित क्षेत्र	उपयुक्त संकल्प उदाहरण
मूलाधार	मेरुदंड का आधार	लाल	सुरक्षा, स्थिरता	घर, कार्य, आर्थिक सुरक्षा	मेरे जीवन में स्थिरता बढ़ रही है
स्वाधिष्ठान	नाभि के नीचे	नारंगी	भावना, संबंध	परिवार, संबंध	मेरी भावनाएँ संतुलित हैं
मणिपूर	नाभि क्षेत्र	पीला	आत्मविश्वास, निर्णय	कार्यक्षेत्र, नेतृत्व	मैं आत्मविश्वास से आगे बढ़ रहा हूँ
अनाहत	हृदय केन्द्र	हरा	प्रेम, क्षमा	परिवार, आंतरिक शांति	प्रेम और क्षमा मेरे भीतर प्रवाहित हैं
विशुद्धि	कंठ क्षेत्र	नीला	वाणी, अभिव्यक्ति	प्रार्थना, संवाद	मेरी वाणी स्पष्ट और शांत है
आज्ञा	ललाट मध्य	गहरा नीला	दृष्टि, एकाग्रता	दृश्यांकन	मेरा लक्ष्य स्पष्ट दिखाई दे रहा है
सहस्रार	सिर का शीर्ष	सफेद / बैंगनी	दैवी संबंध	समर्पण	मैं दैवी ऊर्जा को समर्पित हूँ

4.3 सात नेत्र और संकल्प सिद्धि से उनका आंतरिक संबंध

मनुष्य जीवन को केवल दो भौतिक आँखों से नहीं देखता। भौतिक आँखें बाहरी रूप, गति, रंग और दृश्य घटनाओं को देखती हैं; परन्तु जीवन की गहरी दिशा अनेक बार उन सूक्ष्म देखने की प्रक्रियाओं से प्रभावित होती है जो मन, भावना, अंतर्ज्ञान, स्मृति और आंतरिक जागरूकता के भीतर कार्य करती हैं।

बाहरी आँखें हमें दृश्य संसार को देखने में सहायता करती हैं, पर संकल्प अधिक गहराई से उन आंतरिक तरीकों से बनता है जिनसे हम जीवन को समझते हैं, कल्पना करते हैं, विश्वास करते हैं और भीतर अनुभव करते हैं।

एक ही परिस्थिति को दो व्यक्ति बाहर से समान रूप में देख सकते हैं, किन्तु भीतर उनकी प्रतिक्रिया अलग हो सकती है, क्योंकि आंतरिक दृष्टि भिन्न होती है।

उदाहरण के लिए:

- **एक व्यक्ति कठिनाई देखता है और रुक जाता है**
- **दूसरा व्यक्ति संभावना देखता है और आगे बढ़ता है**

यह अंतर प्रायः बाहरी दृष्टि से नहीं, बल्कि आंतरिक देखने से उत्पन्न होता है।

व्यापक आध्यात्मिक और मनोवैज्ञानिक दृष्टि से मानव अनुभव को सात स्तरों या "सात नेत्रों" के माध्यम से समझा जा सकता है:

- **भौतिक अवलोकन**
- **मानसिक व्याख्या**
- **भावनात्मक अनुभूति**
- **स्मृति आधारित देखना**
- **अंतर्ज्ञानपूर्ण अनुभव**
- **सूक्ष्म आंतरिक दृष्टि**
- **आध्यात्मिक अंतर्दृष्टि**

ये गहरे स्तर संकल्प को प्रभावित करते हैं, क्योंकि संकल्प केवल बाहरी दृश्य से नहीं बनता; वह इस बात से बनता है कि जीवन को भीतर कैसे देखा जा रहा है।

यदि आंतरिक दृष्टि भय, संदेह या पुराने संस्कारों से ढकी रहे, तो संकल्प कमजोर हो जाता है। परन्तु जब भीतर की दृष्टि स्पष्ट होती है, तब मन स्वाभाविक रूप से अधिक दृढ़ दिशा बनाता है।

अतः संकल्प सिद्धि केवल इस पर निर्भर नहीं करती कि बाहरी आँखें क्या देखती हैं, बल्कि इस पर भी निर्भर करती है कि भीतर की आँखें संभावना, अर्थ और दिशा को कैसे अनुभव करती हैं।

सरल शब्दों में:

बाहरी आँखें संसार को देखती हैं; आंतरिक दृष्टि जीवन के मार्ग को मौन रूप से आकार देती है।

4.3.1 भौतिक नेत्र - बाहरी दृष्टि

यह देखता है:

- **रूप**
- **रंग**
- **गति**
- **परिस्थिति**

4.3.2 कल्पना नेत्र - मानसिक चित्र

आँखें बंद होने पर भी भीतर एक चित्र उभरता है।

यही दृश्यांकन (दृश्यांकन) का आधार है।

उदाहरण:

रोज़गार की इच्छा रखने वाला व्यक्ति अपने भीतर नियुक्ति-पत्र को स्पष्ट रूप से देखता है।

4.3.3 भावनात्मक नेत्र

कई बार भावना चित्र से भी अधिक प्रभावशाली होती है।

मन पूछता है:

"जब यह प्राप्त होगा तब मैं कैसा अनुभव करूँगा?"

यही संकल्प में जीवन भरता है।

4.3.4 विवेक नेत्र

यह भीतर मार्गदर्शन देता है:

क्या उचित है, क्या उचित नहीं।

4.3.5 आंतरिक दृष्टि - आज्ञा केन्द्र

इसे प्रायः **तीसरा नेत्र** कहा जाता है।

यहीं उत्पन्न होते हैं:

- **स्पष्ट आंतरिक चित्र**
- **भविष्य की संभावना**
- **सूक्ष्म अनुभूति**

भगवान शिव का तीसरा नेत्र इसी का प्रतीक माना जाता है।

4.3.6 साक्षी नेत्र

इस अवस्था में व्यक्ति विचार को देखता है, स्वयं विचार नहीं बनता।

इससे भीतर का प्रतिरोध कम होता है।

4.3.7 दैवी दृष्टि

यह सबसे सूक्ष्म अवस्था है।

यहाँ संकल्प केवल व्यक्तिगत इच्छा के रूप में नहीं देखा जाता, बल्कि एक व्यापक दैवी व्यवस्था के भाग के रूप में अनुभव किया जाता है।

4.3.8 संकल्प सिद्धि में सात नेत्रों का व्यावहारिक महत्व

जब संकल्प किया जाता है, तब केवल शब्द पर्याप्त नहीं होते। संकल्प के पीछे यह भी महत्त्वपूर्ण है कि भीतर कौन-सा नेत्र सक्रिय है।

यदि केवल बाहरी नेत्र सक्रिय हो, तो व्यक्ति केवल वर्तमान परिस्थिति देखता है और कह सकता है:

"अभी तो यह संभव नहीं दिखता।"

यदि कल्पना नेत्र सक्रिय हो, तो वही व्यक्ति भीतर लक्ष्य का चित्र देख सकता है।

यदि भावनात्मक नेत्र जुड़ जाए, तो लक्ष्य केवल विचार नहीं रहता; उसमें जीवन आ जाता है।

यदि विवेक नेत्र सक्रिय हो, तो सही दिशा स्पष्ट होती है।

यदि आज्ञा केन्द्र की आंतरिक दृष्टि सक्रिय हो, तो लक्ष्य भीतर स्थिर रूप से दिखाई देने लगता है।

यदि साक्षी नेत्र सक्रिय हो, तो संदेह और भय से दूरी बनती है।

यदि दैवी दृष्टि जागृत हो, तो संकल्प में समर्पण जुड़ता है।

इसीलिए संकल्प सिद्धि केवल इच्छा नहीं है; यह देखने की गुणवत्ता का विषय भी है।

4.3.9 जब आंतरिक दृष्टि बदलती है, जीवन की दिशा बदलती है

जीवन में अनेक बार परिस्थिति वही रहती है, पर देखने का तरीका बदलते ही दिशा बदल जाती है।

उदाहरण:

- **एक व्यक्ति बाधा देखता है**
- **दूसरा उसी में अवसर देखता है**
- **एक व्यक्ति असफलता देखता है**
- **दूसरा उसी को सीख मानता है**
- **एक व्यक्ति प्रतीक्षा में रुकता है**
- **दूसरा तैयारी प्रारम्भ करता है**

यही अंतर धीरे-धीरे जीवन की दिशा बदल देता है।

4.3.10 संकल्प से पहले कौन-सा नेत्र जागृत करना चाहिए?

संकल्प करने से पहले मन को शांत करके कल्पना नेत्र, भावनात्मक नेत्र और आंतरिक दृष्टि को सक्रिय करना अत्यंत सहायक होता है।

सरल क्रम:

- **शरीर को शांत करें**
- **श्वास को धीमा करें**
- **लक्ष्य को भीतर देखें**
- **उससे जुड़ी भावना अनुभव करें**
- **फिर संकल्प बोलें**

जब यह क्रम अपनाया जाता है, तब संकल्प अधिक गहराई से अंतरमन में उतरता है।

4.3.11 एक सरल उदाहरण

यदि कोई कहता है: **"मैं स्वस्थ हूँ"**

तो केवल शब्द पर्याप्त नहीं। भीतर यह भी देखना चाहिए:

- **शरीर हल्का है**
- **चेहरा शांत है**
- **चलना सहज है**

और भीतर यह अनुभव भी होना चाहिए:

- **राहत**
- **संतुलन**
- **विश्वास**

तभी संकल्प अधिक जीवंत बनता है।

4.3.12 अंतिम संदेश

संकल्प केवल शब्द नहीं है।

संकल्प केवल इच्छा नहीं है।

संकल्प देखने, अनुभव करने, स्वीकार करने और भीतर दिशा बनाने की प्रक्रिया है।

जब सातों स्तरों में से उचित आंतरिक नेत्र सहयोग करते हैं, तब संकल्प धीरे-धीरे जीवन की दिशा बदलने लगता है।

बाहरी दृष्टि परिस्थिति दिखाती है; आंतरिक दृष्टि संभावना जगाती है।

4.4 गायत्री मंत्र और आंतरिक प्रकाश

गायत्री मंत्र भारतीय आध्यात्मिक परंपरा के सबसे पूजनीय मंत्रों में से एक है। इसे आंतरिक स्पष्टता, बुद्धि की शुद्धि और उच्चतर समझ के जागरण के लिए की जाने वाली प्रार्थना माना जाता है। संकल्प सिद्धि के संदर्भ में इसका विशेष महत्व इस तथ्य में है कि स्पष्ट और शुद्ध मन अधिक स्पष्ट संकल्प बनाता है। गायत्री मंत्र इस प्रकार है:

ॐ भूर्भुवः स्वः

तत्सवितुर्वरेण्यं

भर्गो देवस्य धीमहि

धियो यो नः प्रचोदयात् ॥

अर्थः हम उस परम दिव्य प्रकाश के तेज का ध्यान करते हैं जो पृथ्वी, अंतरिक्ष और उच्चतर लोकों का मूल स्रोत है। वह दिव्य प्रकाश हमारी बुद्धि को प्रकाशित करे और सही दिशा में मार्गदर्शन दे।

संकल्प के संदर्भ में इसका गहरा महत्व यह है:

- **अशांत मन अस्पष्ट संकल्प बनाता है**
- **शुद्ध मन स्पष्ट दिशा बनाता है**
- **आंतरिक प्रकाश सही निर्णय को समर्थ बनाता है**

"धियो यो नः प्रचोदयात्" यह वाक्य अत्यंत गहन अर्थ रखता है:

हमारी बुद्धि सही दिशा में प्रेरित और मार्गदर्शित हो।

जब मन अधिक स्पष्ट होता है, तब संकल्प भी अधिक शक्तिशाली बनता है, क्योंकि स्पष्टता और दिशा स्वाभाविक रूप से आंतरिक दृढ़ता को सुदृढ़ करती हैं।

इस प्रकार गायत्री मंत्र को इस रूप में समझा जा सकता है:

संकल्प स्थापित होने से पहले आंतरिक प्रकाश को तैयार करने वाली प्रार्थना।

4.4.1 भूर्, भुवः, स्वः — तीन स्तर

- **भूर् — भौतिक जीवन**
- **भुवः — मानसिक ऊर्जा**
- **स्वः — उच्च चेतना**

4.4.2 गायत्री मंत्र और बुद्धि की शुद्धि

धियो यो नः प्रचोदयात्

अर्थः हमारी बुद्धि सही दिशा में निर्देशित हो।

4.4.3 गायत्री मंत्र के बाद संकल्प क्यों गहरा होता है

मंत्र के पश्चात्:

- **मन कोमल हो जाता है**
- **आंतरिक प्रतिरोध कम होता है**
- **भीतर की शांति बढ़ती है**

अध्याय का अंतिम संदेश:

गायत्री मंत्र मन को प्रकाश देती है।

चक्र आंतरिक ऊर्जा का प्रतिनिधित्व करते हैं।

सात शरीर मानव अस्तित्व की विभिन्न परतों का प्रतिनिधित्व करते हैं।

संकल्प वह मौन सिद्धांत है जो इन सबको एक दिशा में संयोजित करता है।

मनुष्य केवल भौतिक शरीर नहीं है। संकल्प शरीर में आरम्भ होता है, किन्तु भीतर की परतों से होकर गुजरते हुए धीरे-धीरे जीवन की दिशा बदल देता है।

इन विषयों को केवल पुस्तक के माध्यम से सीखना प्रारम्भ मात्र है; उनका गहरा अर्थ और आंतरिक अनुभव उचित गुरु-मार्गदर्शन से कहीं अधिक स्पष्ट होता है। पढ़ने से वैचारिक समझ प्राप्त हो सकती है, परन्तु ध्यान, प्राणायाम, संकल्प और आंतरिक जागरूकता के सूक्ष्म आयाम प्रायः मार्गदर्शित अभ्यास और प्रत्यक्ष अनुभव से अधिक स्पष्ट होते हैं।

मेरे व्यक्तिगत अनुभव में, **श्री गोपालकृष्ण भट्ट गुरुजी** के मार्गदर्शन में किए गए ध्यान, प्राणायाम और योग निद्रा वर्ग मानसिक शांति, संकल्प की स्पष्टता, भावनात्मक संतुलन और आंतरिक शक्ति के क्रमिक जागरण में अत्यंत सहायक रहे हैं।

इसी प्रकार **डॉ. श्री रामचंद्र गुरुजी** का चक्र ध्यान स्वयं-सम्मोहन ध्यान अभ्यास और संबंधित आंतरिक साधनाएँ इन विषयों को अधिक अनुभवात्मक और भीतर से जीवंत बनाती हैं। ऐसे मार्गदर्शन से चक्र केवल पुस्तक में पढ़ी हुई अवधारणाएँ नहीं रहते, बल्कि आंतरिक चेतना के जीवंत केन्द्र बन जाते हैं जिन्हें स्वयं अनुभव किया जा सकता है।

अनेक साधकों के लिए प्रत्यक्ष मार्गदर्शन यह स्पष्ट करता है:

- **मन कैसे शांत होता है**
- **श्वास आंतरिक स्थिरता को कैसे प्रभावित करती है**
- **संकल्प भीतर कैसे गहराई से स्थापित होता है**
- **समर्पण कैसे स्वाभाविक बनता है**

इस प्रकार मार्गदर्शित साधना सिद्धांत को जीवंत अनुभव में परिवर्तित करती है।

प्राणायाम + ध्यान + संकल्प + दैवी समर्पण = मौन आंतरिक शक्ति का क्रमिक जागरण

अध्याय 5

संकल्प सिद्धि का रहस्य

अब तक हमने अनेक उदाहरणों के माध्यम से समझा कि संकल्प क्या है, उसकी आंतरिक शक्ति क्या है, मन की विभिन्न परतें कैसे कार्य करती हैं, अंतरमन संकल्प को कैसे ग्रहण करता है, दृश्यांकन का क्या महत्व है और विश्वास तथा भावना संकल्प को कैसे सशक्त बनाते हैं। पौराणिक प्रसंगों, इतिहास, आध्यात्मिक अनुभवों और जीवन की वास्तविक घटनाओं के माध्यम से हमने देखा कि संकल्प केवल कल्पना नहीं है; यह जीवन की दिशा बदलने वाली एक मौन शक्ति है।

किन्तु यहाँ एक अत्यंत महत्त्वपूर्ण प्रश्न स्वाभाविक रूप से उठता है:

जब संकल्प स्पष्ट रूप से समझ लिया गया हो, तब कौन-सा आंतरिक रहस्य उसे शीघ्र फलित होने में सहायता करता है?

अब तक हमने संकल्प के द्वार को पहचाना है; अब उस कुंजी को समझने का समय है जो उस द्वार को खोलती है। दूसरे शब्दों में, हमने संकल्प का सिद्धांत समझा; अब उस आंतरिक रहस्य को समझना आवश्यक है जिसके द्वारा वह जीवन में परिणाम के रूप में प्रकट होता है।

बहुत लोग जीवन में संकल्प करते हैं। वे प्रार्थना करते हैं। आशा रखते हैं। प्रयास करते हैं। फिर भी कुछ संकल्प शीघ्र फलित होते प्रतीत होते हैं, कुछ अधिक समय लेते हैं और कुछ देर से या अदृश्य रूप में सामने आते हैं।

अंतर प्राय: बाहरी परिस्थितियों में नहीं, बल्कि आंतरिक विधि में होता है।

संकल्प केवल इच्छा नहीं है।

संकल्प केवल शब्द नहीं है।

संकल्प केवल प्रार्थना नहीं है।

जब संकल्प सही प्रकार से बनता है:

- **मन एकाग्र होता है**
- **भावना शुद्ध होती है**
- **अंतरमन स्वीकार करता है**
- **दैवी शक्ति में विश्वास गहरा होता है**
- **आंतरिक प्रतिरोध घटता है**

तब संकल्प सिद्धि का मार्ग अधिक स्पष्ट हो जाता है।

इस अध्याय का केंद्रीय सूत्र है:

स्पष्ट संकल्प + सही दृश्यांकन + आंतरिक विश्वास + दैवी समर्पण = संकल्प सिद्धि का रहस्य

हम पहले ही देख चुके हैं कि ध्रुव, प्रह्लाद, महात्मा गांधी, स्वामी विवेकानंद, ए. पी. जे. अब्दुल कलाम और आदि शंकराचार्य के जीवन में संकल्प कैसे कार्यरत रहा।

फिर भी एक प्रश्न शेष रहता है: **समान प्रार्थनाएँ सभी के लिए समान परिणाम क्यों नहीं देतीं?**

उत्तर मन की आंतरिक स्थिति, विश्वास की गहराई, संकल्प की स्पष्टता और एकाग्रता की स्थिरता में निहित है।

भगवद्गीता में एक संस्कृत वचन मिलता है:

व्यवसायात्मिका बुद्धिरेकेह कुरुनन्दन ।

बहुशाखा ह्यनन्ताश्च बुद्धयोऽव्यवसायिनाम् ॥

अर्थ: दृढ़ निश्चय वाली बुद्धि एक दिशा में चलती है; अस्थिर बुद्धि अनेक दिशाओं में बिखर जाती है।

इसका अर्थ है:

जब आंतरिक निर्णय स्थिर रहता है, तब मानसिक ऊर्जा बिखरती नहीं।

अनेक बार व्यक्ति बाहर से संकल्प कहता है, पर भीतर संदेह बना रहता है:

- **क्या यह वास्तव में संभव है?**

- **क्या मुझे यह प्राप्त होगा?**
- **इसमें कितना समय लगेगा?**

यह संदेह संकल्प की गति को धीमा कर देता है।

जैसा कि एक श्लोक में कहा गया है:

संशयात्मा विनश्यति ॥

अर्थ: संदेहपूर्ण मन अपनी शक्ति खो देता है।

इस प्रकार संकल्प के फलित होने की गति में विश्वास निर्णायक भूमिका निभाता है।

संकल्प केवल मानसिक इच्छा नहीं है; यह इन तत्वों का एकीकरण है:

- **स्पष्ट निर्णय**
- **शुद्ध भावना**
- **आंतरिक चित्र**
- **दैवी शक्ति में विश्वास**
- **समर्पण**

जब ये सभी एक दिशा में चलते हैं, तब संकल्प शीघ्र फलित होने लगता है।

5.1 समृद्धि की कोई वास्तविक सीमा नहीं

कुछ लोग सूक्ष्म विधियों को गुप्त रखते हैं क्योंकि भीतर एक अवचेतन धारणा रहती है:

"यदि सबको यह पता चल गया, तो अवसर कम हो जाएँगे।"

किन्तु भारतीय ज्ञान परंपरा अभाव-चिंतन को स्पष्ट रूप से अस्वीकार करती है।

पुराणों में एक संस्कृत वचन मिलता है:

पूर्णमदः पूर्णमिदं पूर्णात् पूर्णमुदच्यते ।

पूर्णस्य पूर्णमादाय पूर्णमेवावशिष्यते ॥

अर्थ: वह पूर्ण है, यह पूर्ण है। पूर्ण से पूर्ण उत्पन्न होता है; पूर्ण में से पूर्ण लेने पर भी पूर्ण ही शेष रहता है।

यह सिखाता है:

दैवी समृद्धि सीमित नहीं है।

एक व्यक्ति को प्राप्त होने से दूसरे का हिस्सा कम नहीं होता।

जैसे सूर्य का प्रकाश सब पर समान रूप से पड़ता है, वैसे ही दैवी अनुग्रह सबके लिए उपलब्ध है।

प्रश्न केवल इतना है:

क्या हम भीतर से उसे ग्रहण करना जानते हैं?

दैवी शक्ति देने के लिए तैयार है; मन को ग्रहण करने योग्य बनना होता है।

5.2 मन ही बंधन और मुक्ति का कारण है

अमृतबिंदु उपनिषद् में एक संस्कृत वचन मिलता है:

मन एव मनुष्याणां कारणं बन्धमोक्षयोः ।

अर्थ: मनुष्य के बंधन और मुक्ति दोनों का कारण मन ही है।

अतः बाहरी परिस्थितियों से अधिक महत्त्वपूर्ण है मन की आंतरिक स्थिति।

मुख्य सिद्धांत यह है:

संकल्प स्पष्ट होना चाहिए; मन उसे पहले से पूर्ण हुआ अनुभव करे; हृदय उस पर विश्वास करे; फिर परिणाम को दैवी शक्ति के समक्ष समर्पित कर देना चाहिए।

यही संकल्प सिद्धि के सबसे मूल और गुप्त मार्गों में से एक है।

5.3 संकल्प सिद्धि के वास्तविक अनुभव

मैंने संकल्प की शक्ति केवल पुस्तकों में नहीं, जीवन में भी देखी है।

सन् 1991 में मेरे एक सहकर्मी, जो ईसाई धर्म से संबंधित थे, विवाह के लगभग बारह वर्ष बाद भी संतान-सुख से वंचित थे। चिकित्सकीय प्रयास किए गए थे, पर निराशा बढ़ रही थी।

उस समय मैंने उन्हें मंगलूरु के निकट स्थित एक आध्यात्मिक रूप से पूज्य माताजी के स्थान के बारे में बताया, जहाँ अनेक लोगों ने संकल्पपूर्वक प्रार्थना करके संतान का आशीर्वाद प्राप्त किया था।

उन्होंने वहाँ बताई गई संकल्प प्रक्रिया का पालन किया।

उन्होंने केवल प्रार्थना नहीं की; भीतर स्वयं को पहले से संतान-प्राप्त अनुभव किया और उस इच्छा को दैवी शक्ति के समक्ष समर्पित किया।

एक वर्ष के भीतर उन्हें संतान-सुख प्राप्त हुआ।

इस घटना ने मेरे भीतर यह प्रश्न और गहरा किया:

यहाँ कौन-सी आंतरिक शक्ति कार्य कर रही थी?

अब यह अधिक स्पष्ट दिखाई देता है:

स्पष्ट संकल्प की शक्ति।

5.4 मंदिरों में संकल्प प्रायः शीघ्र क्यों फलित होता है

क्षेत्र-ऊर्जा + स्पष्ट संकल्प + विश्वास + समर्पण = तीव्र आंतरिक सामंजस्य

अनेक लोगों का एक समान अनुभव होता है:

घर में की गई प्रार्थना जो लंबे समय तक अनिर्णीत रही, वही कभी-कभी मंदिर में संकल्प करने के बाद अधिक शीघ्र गति से आगे बढ़ती प्रतीत होती है।

भारतीय परंपरा में मंदिर केवल पूजा का स्थान नहीं है; उसे **क्षेत्र** कहा गया है — ऐसा ऊर्जा-क्षेत्र जो वर्षों की मंत्रध्वनि, पूजा, यज्ञ, भक्ति और सामूहिक श्रद्धा से सशक्त हुआ होता है।

क्षेत्र (मंदिर / प्रार्थना स्थल) की ऊर्जा क्या है?

जहाँ निरंतर भक्ति और मंत्रों की तरंगें प्रवाहित होती रहती हैं, वहाँ एक सूक्ष्म वातावरण निर्मित होता है।

जब कोई व्यक्ति ऐसे स्थान में प्रवेश करता है:

- **मानसिक चंचलता घटती है**
- **बाहरी विचार कोमल होते हैं**
- **आंतरिक इच्छा अधिक स्पष्ट हो जाती है**

भगवद्गीता में एक संस्कृत वचन मिलता है:

यत्र योगेश्वरः कृष्णो यत्र पार्थो धनुर्धरः।

तत्र श्रीर्विजयो भूतिर्ध्रुवा नीतिर्मतिर्मम ॥

अर्थ: जहाँ दैवी चेतना और एकाग्र प्रयास साथ होते हैं, वहाँ समृद्धि, विजय, शक्ति और स्थिरता स्वाभाविक रूप से उत्पन्न होती है।

इसी कारण मंदिरों, मठों, ध्यान केन्द्रों और सत्संग स्थलों में मन स्वाभाविक रूप से अधिक एकाग्र हो जाता है।

5.5 मंदिरों में संकल्प अधिक स्पष्ट क्यों हो जाता है

घर में मन अनेक दिशाओं में बँटा रहता है:

- **दैनिक जिम्मेदारियाँ**
- **कार्य का दबाव**
- **चिंताएँ**
- **भट्टकते विचार**

किन्तु मंदिर में दैवी सत्ता के सम्मुख खड़े होने पर भीतर की इच्छा अधिक स्पष्ट रूप से उभरती है।

इस प्रकार संकल्प को दिशा मिलती है।

5.6 सामूहिक श्रद्धा की शक्ति

जैसे **तिरुमला वेंकटेश्वर मंदिर**, **धर्मस्थल मंजुनाथ मंदिर**, और **कुक्के सुब्रह्मण्य मंदिर** जैसे स्थलों में गहरी सामूहिक श्रद्धा संचित रहती है। वर्षों तक हजारों लोगों की प्रार्थना वहाँ एक सामूहिक श्रद्धा-क्षेत्र निर्मित करती है। ऐसे क्षेत्र में प्रवेश करने वाला नया भक्त भी स्वाभाविक रूप से उस वातावरण से प्रभावित होता है।

इसी प्रकार सत्संगों में (जहाँ गुरुजी की उपस्थिति में सामूहिक ध्यान होता है), सामूहिक संकल्प संकल्प सिद्धि को अधिक शक्ति प्रदान करते हैं।

5.7 मंदिरों में समर्पण सहज क्यों हो जाता है

घर में मन का एक भाग समस्या को पकड़े रहता है।

किन्तु मंदिर में एक अलग भाव उत्पन्न होता है:

"अब मैं इसे अकेला नहीं ढो रहा हूँ; मैं इसे दैवी शक्ति को समर्पित करता हूँ।"

इससे आंतरिक दबाव कम हो जाता है।

5.8 मंदिरों में संकल्प को वर्तमान सत्य की तरह व्यक्त करने का रहस्य

कुछ पवित्र मंदिरों में पुजारी भक्तों को संकल्प भविष्य की इच्छा या दूर की आशा के रूप में बोलने के लिए प्रेरित नहीं करते।

इसके स्थान पर संकल्प इस प्रकार व्यक्त कराया जाता है मानो इच्छित परिणाम पहले ही घटित हो चुका हो।

उदाहरणतः:

- **कार्य सफलतापूर्वक सम्पन्न हो चुका है**
- **बाधा दूर हो चुकी है**
- **अभिलाषा पूर्ण हो चुकी है**

मैंने इसे विशेष रूप से **श्री गुलुगुली शंकरेश्वर मंदिर** Sri Guluguli Shankareshwara Temple में अत्यंत स्पष्ट रूप से अनुभव किया।

वहाँ पुजारी जिस प्रकार भक्तों से संकल्प उच्चारित करवाते हैं, वह अत्यंत प्रभावशाली और आध्यात्मिक रूप से स्पर्श करने वाला है।

उनके शब्दों की संरचना स्वयं एक विशेष आंतरिक विश्वास उत्पन्न करती है।

यह विधि अत्यंत महत्त्वपूर्ण है क्योंकि अंतरमन दूर भविष्य की अपेक्षा वर्तमान सत्य की अनुभूति को अधिक शीघ्र ग्रहण करता है।

जब संकल्प इस प्रकार रखा जाता है मानो वह पहले ही प्राप्त हो चुका है, तब अंतरमन उसे अधिक सहजता से स्वीकार करने लगता है और भीतर का प्रतिरोध घटता है।

इसी कारण संकल्प को पूर्ण हुई वास्तविकता के रूप में बोलना (मानसिक चलचित्र की भाँति देखना) संकल्प सिद्धि में अत्यंत प्रभावशाली सहायक बन जाता है।

5.9 केंद्रीय सूत्र

क्षेत्र-ऊर्जा + स्पष्ट संकल्प + विश्वास + समर्पण = तीव्र आंतरिक सहमति

जब संकल्प शीघ्र फलित होता है:

- **स्पष्टता बढ़ती है**
- **मन एकाग्र होता है**
- **भावना शुद्ध होती है**
- **संदेह घटता है**
- **विश्वास गहरा होता है**

यह आंतरिक सहमति संकल्प को अधिक प्रभावशाली बनाती है।

5.10 सूरिया सदाशिव रुद्र मंदिर का अनुभव

मेरे एक मलेशियाई मित्र अनेक वर्षों तक संतान-सुख से वंचित रहे। वे **श्री सूरिया सदाशिव रुद्र मंदिर** Sri Suriya Sadashiva Rudra Temple गए, जो उजिरे (धर्मस्थल के निकट) स्थित है।

वहाँ भी संकल्प भविष्य की इच्छा के रूप में नहीं, बल्कि पहले से प्राप्त आशीर्वाद के रूप में उच्चारित किया जाता है। एक वर्ष के भीतर उन्हें संतान-सुख प्राप्त हुआ। वहाँ ऐसे अनेक समान अनुभव मैंने सुने हैं।

5.11 अनेक पवित्र केन्द्रों में समान अनुभव

लोग इन पवित्र स्थलों में समान प्रकार के अनुभव बताते हैं:

- **तिरुमला वेंकटेश्वर मंदिर**

- **धर्मस्थल मंजुनाथ मंदिर**
- **कुक्के सुब्रह्मण्य मंदिर**
- **मंत्रालयम**
- **वरदहल्लि**
- **प्रशांति निलयम**
- **शिर्डी**

लोग प्रार्थना करते हैं:

- **रोजगार के लिए**
- **स्वास्थ्य के लिए**
- **बच्चों की शिक्षा के लिए**
- **विवाह के लिए**
- **घर के लिए**
- **शांति के लिए**
- **समृद्धि के लिए**

5.12 इन अनुभवों के पीछे का गहरा आंतरिक रहस्य

वर्षों के अवलोकन के बाद एक निष्कर्ष स्पष्ट होता है:

शक्तिशाली दृश्यांकन अत्यंत महत्त्वपूर्ण भूमिका निभाता है।

किन्तु केवल दृश्यांकन पर्याप्त नहीं है।

इसके साथ निम्नलिखित सात रहस्य जुड़ने चाहिए:

- **स्पष्ट संकल्प**
- **शुद्ध भावना**
- **दृढ़ विश्वास**
- **दैवी समर्पण**

- **समृद्धि-बोध**
- **अभाव-रहित आशीर्वादमय दृष्टि**

तब अंतरमन एक दिशा में कार्य करना प्रारम्भ करता है और संकल्पों को सफल होने की दिशा देता है।

5.12.1 संकल्प स्पष्ट होना चाहिए

अस्पष्ट संकल्प अस्पष्ट परिणाम देता है।

❌ **"कुछ अच्छा हो जाए"** — यह अस्पष्ट है।

☑ **"मेरे कार्य में स्थिरता आ चुकी है।"**

☑ **"मेरे परिवार में शांति स्थापित हो चुकी है।"**

☑ **"मेरा स्वास्थ्य सुधर चुका है और मैं शांतिपूर्वक जीवन जी रहा हूँ।"**

☑ **"मुझे 30 जून 2026 तक रोजगार प्राप्त हो चुका है।"**

अंतरमन को स्पष्ट चित्र की आवश्यकता होती है।

5.12.2 संकल्प को पहले से पूर्ण हुई वास्तविकता की तरह देखना चाहिए

यह संकल्प का सबसे गहरा रहस्य है।

यदि मन उसे केवल भविष्य की संभावना के रूप में देखता है, तो वह दूर बना रहता है।

किन्तु जब मन उसे भीतर पहले से घटित होती हुई वास्तविकता के रूप में देखता है, तब अंतरमन उसे स्वीकार करना प्रारम्भ करता है।

यही अनुभव मैंने **श्री गुलुगुली शंकरेश्वर मंदिर** तथा अन्य पवित्र स्थलों में स्पष्ट रूप से देखा।

भीतर यह अनुभूति कि:

"यह पहले ही प्राप्त हो चुका है"

संकल्प को अधिक शीघ्र फलित होने में सहायता करती है।

5.12.3 हृदय को उस पर विश्वास होना चाहिए

यदि संकल्प केवल मन में बोला जाए, पर भीतर संदेह बना रहे, तो आंतरिक प्रतिरोध उत्पन्न हो जाता है। अंतरमन केवल शब्दों पर प्रतिक्रिया नहीं करता; वह विश्वास और भावना पर प्रतिक्रिया करता है। हृदय केवल भावना की भाषा को समझता है।

अतः संकल्प सिद्धि में लेखन या भाषा द्वितीयक है; भावना प्राथमिक है। अनेक लोग इस तथ्य को पूरी तरह नहीं समझते और यह मान लेते हैं कि केवल लिख देने से ही संकल्प पूर्ण हो जाएगा।

इसलिए:

जिस संकल्प को हृदय स्वीकार नहीं करता, वह कमजोर बना रहता है।

संकल्प में भावना जुड़ने से सकारात्मक परिणाम उत्पन्न होते हैं।

5.12.4 दैवी शक्ति के समक्ष समर्पण के साथ संकल्प

यह एक और अत्यंत महत्वपूर्ण सिद्धांत है।

बहुत लोग संकल्प करते हैं और फिर परिणाम को लेकर अत्यधिक चिंतित हो जाते हैं। इससे भीतर दबाव उत्पन्न होता है।

समर्पण का अर्थ है:

"मैंने अपना कर्म कर दिया है; परिणाम दैवी शक्ति पर छोड़ता हूँ।"

भगवद्गीता में एक संस्कृत वचन मिलता है:

कर्मण्येवाधिकारस्ते मा फलेषु कदाचन।

अर्थ: तुम्हारा अधिकार केवल कर्म करने में है, उसके फल पर कभी नहीं।

5.12.5 अनंत दैवी समृद्धि में विश्वास

दैवी शक्ति में किसी प्रकार की कमी नहीं है। सृष्टि में अनंत संभावनाएँ विद्यमान हैं।

किन्तु कुछ आंतरिक बाधाएँ परिणाम को विलंबित कर देती हैं:

- **भय**

- **संदेह**
- **नकारात्मक विचार**
- **दूसरों के प्रति द्वेष या ईर्ष्या**

इसलिए संकल्प में कभी भी अभाव की भावना नहीं होनी चाहिए, जैसे:

"यदि दूसरों को मिल गया, तो शायद मुझे न मिले।"

5.12.6 आशीर्वाद की भावना और अभाव का अभाव

आशीर्वाद की भावना क्यों महत्वपूर्ण है?

क्योंकि जो मन दूसरों के लिए शुभकामना करता है, वह स्वाभाविक रूप से विस्तृत हो जाता है।

एक प्राचीन प्रार्थना कहती है:

सर्वे भवन्तु सुखिनः ।

सर्वे सन्तु निरामयाः ।

सर्वे भद्राणि पश्यन्तु ।

मा कश्चिद् दुःखभाग्भवेत् ॥

अर्थ:

सभी सुखी हों।

सभी स्वस्थ रहें।

सभी शुभ का दर्शन करें।

कोई भी दुःख का भागी न बने।

इसका संकल्प सिद्धि से सीधा संबंध है:

- **आशीर्वाद मन को विस्तृत करता है**
- **द्वेष मन को संकुचित करता है**

- **ईर्ष्या भीतर संघर्ष उत्पन्न करती है**

इसलिए संकल्प से पहले या बाद में भीतर मौन रूप से यह भावना करना:

"सभी के साथ अच्छा हो"

अत्यंत शक्तिशाली होता है।

आशीर्वाद की भावना अंतरमन को विशाल बनाती है।

5.13 गुरु-मार्गदर्शन क्यों महत्त्वपूर्ण है

पुस्तकें, प्रवचन और अनुभव प्रेरणा दे सकते हैं, किन्तु सूक्ष्म आंतरिक बाधाओं को समझना प्रायः गुरु-मार्गदर्शन से अधिक सहज होता है।

मानसिक चंचलता, छिपा हुआ संदेह, अस्पष्ट संकल्प, भावनात्मक असंतुलन — इन सबको व्यक्ति स्वयं हमेशा स्पष्ट रूप से पहचान नहीं पाता।

इसी कारण निम्न गुरुजनों का मार्गदर्शन अत्यंत सहायक हो सकता है:

- **श्री गोपालकृष्ण भट्ट गुरुजी**
- **डॉ. श्री रामचंद्र गुरुजी**

इनके मार्गदर्शन से निम्न साधनाओं द्वारा विशेष सहायता मिलती है:

- **ध्यान**
- **योग निद्रा**
- **चक्र ध्यान**

उनका अनुभव आंतरिक यात्रा में दीपक के समान कार्य करता है।

5.14 प्रातःकाल और निद्रा से पूर्व संकल्प अधिक गहरा क्यों होता है

जागने के तुरंत बाद मन अपेक्षाकृत खाली और ग्रहणशील होता है। निद्रा से पहले भी मन कोमल और भीतर की ओर उन्मुख हो जाता है। ऐसे समय में संकल्प अंतरमन में अधिक गहराई से प्रवेश करता है और निद्रा के दौरान भी बना रहता है।

5.15 ध्यान के बाद संकल्प

ध्यान के बाद:

- **मानसिक प्रतिरोध कम हो जाता है**
- **मन अधिक स्पष्ट हो जाता है**
- **ग्रहणशीलता बढ़ जाती है**

इस प्रकार संकल्प अधिक प्रभावी बन जाता है।

5.16 लिखित संकल्प

लिखित संकल्प प्रायः अधिक शक्तिशाली बन जाता है क्योंकि लिखना विचार को मन में अधिक गहराई से अंकित करने में सहायता करता है। जब संकल्प को सावधानीपूर्वक लिखा जाता है और भावना के साथ बार-बार पढ़ा जाता है, तब मन धीरे-धीरे अधिक स्थिर होता है, लक्ष्य अधिक स्पष्ट होता है और आंतरिक स्वीकृति बढ़ती है।

संकल्प को सबसे अच्छा एक साफ-सुथरी और केवल इसी उद्देश्य के लिए रखी गई विशेष नोटबुक में लिखना चाहिए। अलग संकल्प-पुस्तिका गंभीरता, निरंतरता और आंतरिक अनुशासन उत्पन्न करने में सहायक होती है।

विशेष रूप से तैयार की गई संकल्प-पुस्तिका **श्री गोपालकृष्ण भट्ट गुरुजी** के **सर्व समृद्धि कार्यक्रम** से भी प्राप्त की जा सकती है, जहाँ इस अभ्यास को व्यवस्थित रूप से प्रोत्साहित किया जाता है।

संकल्प लिखते समय:

- **साफ और स्पष्ट लिखें**
- **सकारात्मक और सटीक शब्दों का उपयोग करें**
- **स्पष्ट विवरण शामिल करें**
- **जहाँ उचित हो वहाँ यथार्थ तिथि लिखें**
- **वर्तमानकाल या पूर्णता-भाव में लिखें**

संकल्प अस्पष्ट नहीं होना चाहिए। इसे इस पुस्तक में दिए गए उदाहरणों की भावना में स्पष्ट रूप से लिखा जाना चाहिए।

उदाहरण:

"31 मई 2026 तक मेरा स्वास्थ्य सशक्त, संतुलित और निरंतर सुधर रहा है।"

"30 सितम्बर 2026 तक मैं अपनी योग्यता के अनुरूप उचित रोजगार में प्रवेश कर चुका हूँ।"

इस प्रकार लिखना दैनिक विचार को एक दिशा में संयोजित करने में सहायता करता है।

यदि लिखित संकल्प को प्रतिदिन शांत भावना के साथ पढ़ा जाए — विशेषकर प्रातःकाल, प्रार्थना के बाद या निद्रा से पूर्व — तो वह अंतरमन में अधिक गहराई से स्थापित होने लगता है और पूर्णता की दिशा में आंतरिक गति को तीव्र करता है।

संकल्प-पुस्तिका को स्वच्छ, शांत और सम्मानपूर्ण स्थान पर रखना उत्तम है।

ध्यान, प्रार्थना या मौन चिंतन के समय इसे अपने सामने रखा जा सकता है, जिससे लिखित संकल्प आंतरिक शांति, स्पष्टता और पवित्र ध्यान से जुड़ा रहे।

5.16.1 संकल्प (विज़न) बोर्ड द्वारा दैनिक दृश्यांकन

संकल्प को स्पष्ट रूप से बोर्ड पर लिखकर प्रतिदिन देखना मन को एक दिशा में स्थिर रखने में सहायता करता है। जब किसी लक्ष्य को बार-बार ध्यान, भावना और विश्वास के साथ देखा जाता है, तब वह धीरे-धीरे अचेतन मन में गहराई से उतरने लगता है। अपने संकल्प के साथ उसके सरल प्रतीकात्मक चित्र भी रखे जा सकते हैं—जैसे भविष्य के घर का चित्र, समृद्धि के लिए चेक, विवाह का संकेत, शिक्षा का प्रतीक, स्वस्थ शरीर या जीवन का कोई अन्य लक्ष्य।

इन चित्रों को प्रतिदिन शांत मन से देखते हुए यह अनुभव करना कि वह लक्ष्य पहले ही पूर्ण हो चुका है, मन की स्पष्टता को बढ़ाता है। यह अभ्यास दृश्यांकन (Visualisation) को सहज और स्थिर बनाता है। लक्ष्य-पट्टकी तरह यह मन को बार-बार उसी दिशा की याद दिलाता है जो वास्तव में महत्वपूर्ण है।

जब यह अभ्यास श्रद्धा, शांति और कृतज्ञता के साथ निरंतर किया जाता है, तब संकल्प में शक्ति बढ़ती है और वह विचारों, निर्णयों तथा कर्मों को उसी दिशा में प्रभावित करने लगता है। जो लक्ष्य

प्रतिदिन स्पष्ट रूप से देखा जाता है, वह धीरे-धीरे आंतरिक सत्य का रूप लेने लगता है। **नीचे विज़न बोर्ड का एक उदाहरण दिया गया है।**

5.17 संकल्प सिद्धि को सशक्त बनाने वाले मूल तत्व

संकल्प तब शक्तिशाली बनता है जब वह केवल एक वाक्य के रूप में न बोला जाए, बल्कि स्पष्टता, आंतरिक चित्र, विश्वास और समर्पण से समर्थित हो। जब ये चारों आंतरिक तत्व एक दिशा में साथ चलते हैं, तब संकल्प धीरे-धीरे शक्ति प्राप्त करता है और जीवन को अधिक प्रभावी रूप से प्रभावित करने लगता है।

स्पष्ट संकल्प + शुद्ध दृश्यांकन + दृढ़ विश्वास + दैवी समर्पण = संकल्प सिद्धि की अधिक संभावना

इस सूत्र का प्रत्येक भाग अपना विशिष्ट कार्य करता है:

- **स्पष्ट संकल्प मन को निश्चित दिशा देता है।**
- **शुद्ध दृश्यांकन संकल्प को जीवंत आंतरिक रूप देता है।**
- **दृढ़ विश्वास भीतर के संदेह को हटाता है और स्वीकृति को मजबूत करता है।**
- **दैवी समर्पण दबाव को कम करता है और स्वाभाविक फलन को संभव बनाता है।**

यदि संकल्प स्पष्ट हो पर विश्वास कमजोर हो, तो आंतरिक प्रतिरोध बना रहता है।

यदि दृश्यांकन हो पर समर्पण न हो, तो मानसिक दबाव बढ़ सकता है।

यदि विश्वास हो पर दिशा स्पष्ट न हो, तो मन बिखरा रह सकता है।

अतः संकल्प सिद्धि तब अधिक सहज होती है जब ये चारों तत्व संतुलित रूप से साथ विकसित किए जाएँ।

सरल शब्दों में:

जितनी स्पष्ट आंतरिक दिशा, जितना शांत मन और जितना गहरा समर्पण होगा, उतना ही स्वाभाविक रूप से संकल्प कार्य करना प्रारम्भ करेगा।

5.18 संकल्प सिद्धि की व्यावहारिक कुंजियाँ

संकल्प के सिद्धांत को समझना केवल पहला चरण है; उसे दैनिक जीवन में सही रूप से लागू करना ही उसे शक्ति देता है।

बहुत लोग प्रार्थना करते हैं, इच्छा करते हैं या सकारात्मक सोचते हैं, फिर भी परिणाम अलग-अलग होते हैं क्योंकि आंतरिक विधि, मानसिक स्थिति और निरंतरता समान नहीं होती।

संकल्प तब प्रभावी होता है जब अनेक आंतरिक तत्व सामंजस्य में एक साथ आते हैं।

केवल स्पष्ट विचार पर्याप्त नहीं होता; मन, भावना, आंतरिक स्वीकृति और समर्पण को धीरे-धीरे एक दिशा में चलना होता है।

मूल व्यावहारिक सूत्र

स्पष्ट संकल्प + उचित आंतरिक अवस्था + दृश्यांकन + विश्वास + पुनरावर्तन + दैवी समर्पण = संकल्प सिद्धि

इस सूत्र का प्रत्येक तत्व अपनी भूमिका निभाता है:

- **स्पष्ट संकल्प दिशा देता है**
- **उचित आंतरिक अवस्था मन को ग्रहणशील बनाती है**
- **दृश्यांकन भीतर रूप देता है**

- **विश्वास आंतरिक प्रतिरोध हटाता है**
- **पुनरावर्तन स्वीकृति को गहरा करता है**
- **दैवी समर्पण दबाव कम करता है और भीतर शांति लाता है**

जब इन सबका संयुक्त अभ्यास किया जाता है, तब संकल्प धीरे-धीरे मन की गहरी परतों में स्थापित होने लगता है और जीवन को अधिक स्वाभाविक रूप से प्रभावित करता है।

5.19 प्रार्थना के पवित्र स्थलों में संकल्प

प्रार्थना के पवित्र स्थल प्रायः एक विशेष आंतरिक वातावरण निर्मित करते हैं, जिसमें मन स्वाभाविक रूप से अधिक शांत, कोमल और ग्रहणशील बन जाता है। चाहे कोई मंदिर, चर्च, मस्जिद, मठ, ध्यान कक्ष या ऐसा कोई स्थान हो जहाँ बार-बार श्रद्धापूर्वक प्रार्थना की गई हो, वहाँ का बाहरी वातावरण स्वयं मानसिक चंचलता को कम करने में सहायता करता है। ऐसे स्थानों में बिखरे हुए विचार कम होने लगते हैं, भावनात्मक दबाव घटता है और आंतरिक अभिप्राय अधिक स्पष्ट हो जाता है। इसी आंतरिक शांति के कारण पवित्र वातावरण में किया गया संकल्प प्रायः अंतरमन में अधिक गहराई से स्थापित होता है। ऐसे वातावरण में की गई प्रार्थना सामान्यतः अधिक श्रद्धा, विनम्रता और समर्पण के साथ जुड़ी होती है, जिससे संकल्प और अधिक सशक्त बनता है।

संकल्प सिद्धि के लिए प्रार्थना करने की सुझाई गई विधियाँ:

5.19.1 स्पष्ट संकल्प निर्धारित करें

उदाहरण:

- **"मेरे पुत्र ने कक्षा 10 में 99% अंक प्राप्त किए हैं।"**
- **"मेरा स्वास्थ्य उत्तम है और मैं आनंदपूर्वक जीवन जी रहा हूँ।"**
- **"30 जून 2026 से पहले मुझे उपयुक्त रोजगार प्राप्त हो चुका है।"**

5.19.2 ईश्वर के समक्ष संकल्प व्यक्त करें

या तो:

- **पुजारी के माध्यम से**
- **अथवा भगवान के सामने मौन रूप से स्वयं कहें**

5.19.3 शांत बैठें

धीमी श्वास मानसिक स्थिरता में सहायता करती है। संकल्प व्यक्त करने के बाद कुछ क्षण बिना जल्दी किए किसी शांत स्थान या कोने में बैठें। शरीर को सहज रहने दें और मन को स्थिर होने दें। धीमी और कोमल श्वास मानसिक गति को कम करती है और भीतर स्थिरता लाती है। इस शांत विराम में संकल्प अंतरमन में अधिक गहराई से उतरता है।

5.19.4 दैवी महिमा का स्मरण करें

संकल्प करने से पहले दैवी उपस्थिति की विशालता का स्मरण करना उपयोगी होता है। इससे भीतर का भय, व्यक्तिगत दबाव और मानसिक संकुचन धीरे-धीरे कम होता है। जब मन यह अनुभव करता है कि जीवन केवल व्यक्तिगत प्रयास से नहीं, बल्कि उच्चतर चेतना के सहारे भी संचालित है, तब संकल्प अधिक कोमल, गहरा और शांत बनता है।

एक पारंपरिक प्रार्थना इसे सुंदर रूप से व्यक्त करती है:

त्वमेव माता च पिता त्वमेव ।

त्वमेव बन्धुश्च सखा त्वमेव ।

त्वमेव विद्या द्रविणं त्वमेव ।

त्वमेव सर्वं मम देवदेव ॥

अर्थ:

आप ही मेरी माता हैं, आप ही मेरे पिता हैं।

आप ही मेरे बन्धु हैं, आप ही मेरे सखा हैं।

आप ही ज्ञान हैं, आप ही धन और आधार हैं।

हे देवदेव, आप ही मेरे लिए सब कुछ हैं।

जब ऐसा स्मरण जागृत होता है, तब मन स्वाभाविक रूप से विनम्र और ग्रहणशील बनता है। तब संकल्प केवल व्यक्तिगत प्रयास नहीं रह जाता, बल्कि दैवी अनुग्रह के व्यापक क्षेत्र में अर्पित प्रार्थना बन जाता है।

5.19.5 संकल्प को पूर्ण हुए रूप में कहें

संकल्प को दूर की इच्छा की तरह नहीं, बल्कि पूर्णता की आंतरिक अनुभूति के रूप में व्यक्त करें। अंतरमन प्रायः उस बात को अधिक गहराई से स्वीकार करता है जिसे पहले से घटित हो रही वास्तविकता के रूप में अनुभव किया जाए। उदाहरण:

"मेरे बच्चे की शिक्षा 2027 तक सफलतापूर्वक पूर्ण हो चुकी है।"

इसी प्रकार:

"मेरा कार्य सुचारु रूप से आगे बढ़ चुका है।"

"मैं पूर्णतः स्वस्थ हूँ और मेरे पैर अत्यंत सशक्त हैं।"

इस प्रकार की भाषा मन को अधिक स्पष्ट और स्थिर दिशा देती है।

5.19.6 दैवी आशीर्वाद का दृश्यांकन करें

संकल्प करने के बाद धीरे से यह अनुभव करें कि दैवी कृपा पहले से ही उस संकल्प को स्पर्श कर रही है और सहारा दे रही है। भीतर देखें कि आपकी प्रार्थना मौन में स्वीकार हो चुकी है और आपकी कामना की दिशा में अनंत आशीर्वाद प्रवाहित हो रहे हैं।

उदाहरण:

यदि संकल्प स्वास्थ्य से संबंधित है, तो उपचारकारी प्रकाश शरीर में प्रवेश करता हुआ देखें।

यदि कार्य से संबंधित है, तो मार्ग स्पष्ट रूप से खुलता हुआ देखें।

यदि परिवार की शांति से संबंधित है, तो घर में पहले से सामंजस्य फैलता हुआ अनुभव करें।

इससे विश्वास और आंतरिक शांति गहरी होती है।

5.19.7 परिणाम का अनुभव करें

संकल्प व्यक्त करने और दैवी आशीर्वाद का दृश्यांकन करने के बाद, धीरे से उस पूर्णता के आनंद को अनुभव करें मानो वांछित परिणाम जीवन में आकार ले चुका है। जब भावना विचार के साथ जुड़ती है, तब अंतरमन अधिक गहराई से प्रतिक्रिया करता है।

यदि संकल्प स्वास्थ्य का है: स्वस्थ शरीर की हल्कापन, सहज चलना और भीतर राहत का अनुभव करें।

यदि संकल्प बच्चे की सफलता का है: बच्चे को आत्मविश्वास के साथ आगे बढ़ते देख आनंद अनुभव करें।

यदि कार्य का है: जिम्मेदारियाँ सफलतापूर्वक पूर्ण होने की संतुष्टि अनुभव करें।

ऐसी आनंदपूर्ण भावना संकल्प को ऊष्मा, गहराई और जीवंत शक्ति देती है।

5.19.8 कृतज्ञता अर्पित करें

संकल्प पूर्ण करने के बाद भीतर से कृतज्ञ बने रहें। मौन में दैवी शक्ति को धन्यवाद दें, उस अदृश्य अनुग्रह को धन्यवाद दें जो जीवन का सहारा है, उन माता-पिता को धन्यवाद दें जिन्होंने जीवन की आधारशिला दी, और उन गुरुओं को धन्यवाद दें जिनके मार्गदर्शन से स्पष्टता और शक्ति मिलती है।

एक सरल आंतरिक प्रार्थना:

"हे दैवी शक्ति, मेरे जीवन में पहले से प्रवाहित हो रही कृपा के लिए धन्यवाद।"

कृतज्ञता आंतरिक तनाव को कम करती है, मन को कोमल बनाती है और संकल्प को अधिक गहराई तथा शांति से स्थापित होने देती है।

5.19.9 प्रतिदिन दोहराएँ

नियमित पुनरावृत्ति से संकल्प गहराई प्राप्त करता है। एक बार किया गया प्रयास प्रभाव उत्पन्न कर सकता है, परन्तु दैनिक पुनरावृत्ति उसे अंतरमन की गहराइयों तक ले जाती है।

सबसे उपयुक्त समय:

- **प्रातः जागने के तुरंत बाद**
- **प्रार्थना के बाद**
- **ध्यान के बाद**
- **निद्रा से पूर्व**
- **यदि प्रतिदिन मंदिर जाते हों तो वहाँ**

इन समयों में मानसिक विचलन कम रहता है और आंतरिक स्वीकृति अधिक सहज होती है। उसी संकल्प को प्रतिदिन शांतिपूर्वक और स्थिर रूप से दोहराएँ, बार-बार उसके शब्द न बदलें। धैर्यपूर्वक यह अभ्यास तब तक जारी रखें जब तक संकल्प पूर्ण न हो जाए, क्योंकि निरंतर और स्थिर आंतरिक दिशा स्वीकृति को मजबूत करती है और क्रमशः अभिव्यक्ति को सहारा देती है।

5.20 गुरु मार्गदर्शन द्वारा संकल्प सिद्धि

गुरु के मार्गदर्शन में संकल्प का अभ्यास करने में एक विशेष शक्ति होती है। यद्यपि कोई व्यक्ति संकल्प के शब्दों को बौद्धिक रूप से समझ सकता है, परंतु मन की गहराई में अनेक बार छिपे हुए भय, संकोच, भावनात्मक असंतुलन या आंतरिक विरोध उपस्थित रहते हैं, जिन्हें अकेले पहचानना सरल नहीं होता। गुरु इन सूक्ष्म स्तरों में स्पष्टता लाने में सहायता करते हैं।

यह इसलिए महत्वपूर्ण है क्योंकि एक सच्चा मार्गदर्शक:

- **छिपी हुई मानसिक बाधाओं की पहचान कर सकता है**
- **संकल्प के लिए अधिक उपयुक्त और सटीक शब्द सुझा सकता है**
- **संकल्प से पहले भावनाओं को शुद्ध करने में सहायता कर सकता है**
- **मन को स्थिरता और आंतरिक ग्रहणशीलता की ओर ले जा सकता है**
- **यह दिखा सकता है कि अधैर्य, संदेह, भय या भ्रम कहाँ बाधा बन रहे हैं**

अनेक बार दुर्बल संकल्प और शक्तिशाली संकल्प के बीच का अंतर केवल शब्दों में नहीं, बल्कि उस आंतरिक अवस्था में होता है जिसमें वह किया जाता है। गुरु के मार्गदर्शन में संकल्प धीरे-धीरे अधिक संतुलित, स्थिर और भीतर से स्वीकृत होने लगता है।

इस मार्ग में कुछ सिद्धांत विशेष रूप से महत्वपूर्ण हैं:

- **गुरु द्वारा सुझाई गई विधि का ईमानदारी से पालन होना चाहिए**
- **धैर्य बनाए रखना आवश्यक है**
- **पूर्ण विश्वास आवश्यक है**
- **नियमित अभ्यास अनिवार्य है**

मेरे व्यक्तिगत अनुभव में, **श्री गोपालकृष्ण भट्ट गुरुजी** के स्नेहपूर्ण मार्गदर्शन में चलने वाले ध्यान और योगनिद्रा कार्यक्रम संकल्प के आंतरिक विज्ञान को समझने में अत्यंत सहायक रहे हैं।

नियमित सहभागिता से धीरे-धीरे यह स्पष्ट होता है कि मन कैसे शांत होता है, भीतर का प्रतिरोध कैसे घटता है और संकल्प कैसे गहराई से स्थापित होने लगता है।

इसी प्रकार **डॉ. श्री रामचंद्र गुरुजी** की शिक्षाएँ - विशेषकर चक्र ध्यान, स्वयं-सम्मोहन, आकर्षण का नियम और आंतरिक ऊर्जा-जागरूकता - साधकों को मन, ऊर्जा केन्द्रों और एकाग्र संकल्प के गहरे संबंध का अनुभव कराती हैं। गुरु-मार्गदर्शन का महत्व यह है कि संकल्प केवल शब्दों की पुनरावृत्ति बनकर नहीं रह जाता; वह एक अनुशासित आंतरिक साधना बन जाता है, जो सही विधि, सूक्ष्म अवलोकन और चेतना के क्रमिक परिष्कार से समर्थित होती है। ऐसे मार्गदर्शन में संकल्प प्रायः अधिक गहराई, स्थिरता और परिवर्तनकारी शक्ति प्राप्त करता है।

निम्नलिखित कुछ मार्गदर्शित अभ्यास और कार्यक्रम हैं जो संकल्प सिद्धि को और गहरा तथा सशक्त बनाने में सहायक हो सकते हैं।

5.20.1 योगनिद्रा ध्यान

योगनिद्रा में शरीर गहरे विश्राम में प्रवेश करता है जबकि मन कोमल जागरूकता में बना रहता है। इससे एक विशेष आंतरिक अवस्था उत्पन्न होती है जिसमें बाहरी मानसिक गतिविधि शांत होने लगती है और मन की गहरी परतें अधिक ग्रहणशील बन जाती हैं। क्योंकि शारीरिक तनाव कम होता है और विचारों की गति मंद पड़ती है, इस अवस्था में किया गया संकल्प सामान्य जाग्रत अवस्था की तुलना में अधिक गहराई से बैठता है।

इस अवस्था में:

- **शरीर गहरे विश्राम में रहता है**
- **श्वास शांत हो जाती है**
- **मानसिक प्रतिरोध घटता है**
- **अंतरमन अधिक खुला हो जाता है**

इसी कारण अनेक पारंपरिक योगनिद्रा अभ्यासों में संकल्प को प्रारम्भ में रखा जाता है और अंत में पुनः दोहराया जाता है, जब मन विशेष रूप से ग्रहणशील होता है। योगनिद्रा में किया गया संक्षिप्त और स्पष्ट संकल्प समय के साथ गहरे आंतरिक संस्कारों को प्रभावित कर सकता है।

5.20.2 उन्नत ध्यान पाठ्यक्रम

उन्नत ध्यान अभ्यास मन को सामान्य विश्राम से आगे परिष्कृत करते हैं। जैसे-जैसे ध्यान गहराता है, अनेक छिपे हुए विक्षोभ जो सामान्यतः दिखाई नहीं देते, धीरे-धीरे कम होने लगते हैं।

ये अभ्यास कम करने में सहायता करते हैं:

- **भय**
- **आंतरिक दबाव**
- **मानसिक भ्रम**
- **चंचलता**
- **भावनात्मक भारीपन**

जब ये आंतरिक विक्षोभ घटते हैं, तब संकल्प अधिक स्पष्ट होता है क्योंकि मन अनेक विरोधी दिशाओं में विभाजित नहीं रहता। बिखरा हुआ मन संकल्प दोहरा तो सकता है, पर स्थिर मन उसे अधिक पूर्णता से ग्रहण करता है।

उन्नत ध्यान से यह भी विकसित होता है:

- **आंतरिक अवलोकन**
- **मानसिक स्थिरता**
- **उद्देश्य की स्पष्टता**
- **परिणाम की प्रतीक्षा में धैर्य**

इस प्रकार ध्यान सीधे परिणाम उत्पन्न नहीं करता, परंतु वह उस मानसिक भूमि को तैयार करता है जिसमें संकल्प अधिक प्रभावी ढंग से कार्य कर सके।

5.20.3 चक्र ध्यान

चक्र ध्यान में ध्यान को धीरे-धीरे विभिन्न आंतरिक ऊर्जा केन्द्रों पर ले जाया जाता है। इससे व्यक्ति यह पहचानने लगता है कि कहाँ भावनात्मक अवरोध, भय, संकोच या असंतुलन उपस्थित है।

इस प्रक्रिया में:

- **भावनात्मक अवरोध अधिक स्पष्ट होते हैं**

- **आंतरिक प्रतिक्रियाओं का अवलोकन सरल होता है**
- **विशिष्ट ऊर्जा केन्द्रों में स्पष्टता आती है**

उदाहरण के लिए:

- **सुरक्षा से जुड़े विषय प्रायः मूलाधार से संबंधित होते हैं**
- **आत्मविश्वास और क्रियाशक्ति मणिपुर से संबंधित हैं**
- **प्रेम, क्षमा और भावनात्मक स्पस्टता अनाहत से संबंधित हैं**
- **अभिव्यक्ति विशुद्धि से संबंधित है**
- **दृश्यांकन और आंतरिक दिशा आज्ञा से संबंधित हैं**

जब ये केन्द्र भीतर से अधिक स्पष्ट होते हैं, तब जीवन के उन क्षेत्रों से जुड़ा संकल्प अधिक स्वाभाविक और संतुलित बनता है।

जो व्यक्ति संकोच से संघर्ष कर रहा हो, वह पाएगा कि आत्मविश्वास से जुड़ा संकल्प मणिपुर केन्द्र के संतुलित होने पर अधिक सशक्त बनता है। जो दिशा की स्पष्टता चाहता है, उसे आज्ञा केन्द्र पर आधारित ध्यान अधिक सहायक लग सकता है।

यहाँ गुरु मार्गदर्शन की गहरी भूमिका महत्वपूर्ण है:

गुरु केवल संकल्प नहीं देते; गुरु यह भी समझाते हैं कि उसे सही ढंग से कैसे स्थापित करना है, भीतर कहाँ प्रतिरोध है और सही अभ्यास से उसे कैसे स्थिर बनाए रखना है।

5.21 संकल्प सिद्धि के लिए आपकी अपनी व्यावहारिक विधि

घर में अथवा किसी शांत स्थान पर संकल्प का व्यक्तिगत अभ्यास, यदि उचित आंतरिक क्रम के साथ किया जाए, तो अत्यंत प्रभावी हो सकता है। संकल्प को गहराई से स्थापित करने के लिए ऐसा स्थान चुनना उपयोगी है जहाँ मन आसानी से विचलित न हो, बाहरी व्यवधान न्यूनतम हो और भीतर स्वाभाविक शांति उत्पन्न हो सके। मंदिर का शांत कोना, घर का प्रार्थना-कक्ष, ध्यान-कक्ष या प्रकृति का शांत वातावरण गहन एकाग्रता में सहायक होते हैं। जब वातावरण शांत होता है, तब मन स्वयं को अधिक सहजता से एकत्र करता है; और जब मन शांत होता है, तब संकल्प चेतना की आंतरिक परतों में अधिक गहराई से प्रवेश करता है।

5.21.1 पूर्ण विश्रांति की अवस्था में प्रवेश करें

सबसे पहले शांत बैठें। श्वास को धीमा करें और शरीर तथा मन दोनों को शिथिल होने दें। तब तक प्रतीक्षा करें जब तक भीतर विश्रांति स्वाभाविक न हो जाए। इस अवस्था तक पहुँचने के लिए विभिन्न विधियाँ अपनाई जा सकती हैं: ध्यान, योगनिद्रा, भजन, मधुर संगीत, प्रार्थना अथवा कोई भी ऐसा अभ्यास जो मानसिक शांति प्रदान करे। जब मन शांत हो जाए, तब संकल्प लिखा जा सकता है, पढ़ा जा सकता है या भीतर दोहराया जा सकता है।

5.21.2 स्पष्ट संकल्प बनाइए

जब संकल्प में स्पष्टता होती है, तब वह अधिक शक्तिशाली बनता है। इसमें निम्न बातें सम्मिलित करना उपयोगी होता है:

- **समय का संकेत**
- **परिणाम की गुणवत्ता**
- **इच्छित अवस्था**

उदाहरण:

"15 मई 2026 तक मुझे एक अच्छा कार्य प्राप्त हो चुका है और मैं प्रसन्नता तथा स्थिरता के साथ जीवन जी रहा हूँ।"

5.21.3 दैवी शक्ति से आंतरिक संबंध स्थापित करें

संकल्प दोहराने से पहले भीतर उस दैवी रूप का स्मरण करें जिसमें आपकी गहरी श्रद्धा हो। यदि किसी को **हनुमानजी** के प्रति विशेष भक्ति हो, तो यह पारंपरिक प्रार्थना कही जा सकती है:

मनोजवं मारुततुल्यवेगं जितेन्द्रियं बुद्धिमतां वरिष्ठम्।

वातात्मजं वानरयूथमुख्यं श्रीरामदूतं शरणं प्रपद्ये॥

अर्थ:

मैं हनुमानजी की शरण ग्रहण करता हूँ, जो मन के समान तीव्र, वायु के समान वेगवान, इन्द्रियों के विजेता और बुद्धिमानों में श्रेष्ठ हैं।

5.21.4 संकल्प को पहले से पूर्ण हुआ अनुभव करें

संकल्प बनाने के बाद उसे भीतर धीरे-धीरे पढ़ें और ऐसा दृश्यांकन करें मानो वह जीवन में पहले ही घटित हो चुका है। केवल शब्दों को न दोहराएँ; उससे जुड़ी पूर्णता की शांत अनुभूति को भीतर अनुभव करें।

यदि संकल्प स्वास्थ्य से संबंधित है, तो स्वस्थता की सहजता अनुभव करें।

यदि कार्य से संबंधित है, तो परिणाम को पहले से स्थिर हुआ देखें।

यदि परिवार से संबंधित है, तो सामंजस्यपूर्ण वातावरण का अनुभव करें।

यदि आँखें बंद करने पर एकाग्रता कठिन लगे, तो आँखें खोलकर भी संकल्प को धीमे स्वर में पढ़ा जा सकता है। चूँकि यह अंतरमन के साथ संवाद है, इसलिए इसे एकांत और बिना व्यवधान के करना श्रेष्ठ है।

5.21.5 पूर्णता के बाद होने वाली घटनाओं का अनुभव करें

संकल्प की पूर्णता का दृश्यांकन करने के बाद, उन स्वाभाविक घटनाओं को भी देखें जो उसके बाद घटित होंगी:

- **बधाइयाँ मिल रही हैं**
- **परिवार में प्रसन्न क्षण हैं**
- **घर में मुस्कुराते चेहरे हैं**
- **सम्मान प्राप्त हो रहा है**
- **बच्चा आनंद से खेल रहा है**
- **परिवार सफलता का उत्सव मना रहा है**

इससे संकल्प को भावनात्मक गहराई मिलती है।

5.21.6 कृतज्ञता अर्पित करें

मौन में दैवी कृपा, परमशक्ति, ईश्वर, माता-पिता, गुरुजनों और बड़ों के प्रति धन्यवाद व्यक्त करें कि यह पूर्णता आकार ले रही है। कृतज्ञता मन को कोमल बनाती है और विश्वास को सशक्त करती है।

5.21.7 धीरे-धीरे सामान्य जागरूकता में लौटें

भीतरी अवस्था से धीरे-धीरे बाहर आएँ। आँखें कोमलता से खोलें, हल्की मुस्कान रखें और स्वाभाविक रूप से दैनिक जागरूकता में लौटें।

5.21.8 प्रतिदिन दोहराएँ

संकल्प की पूर्ति होने तक इसे जारी रखें। जब वह पूर्ण हो जाए, तब धन्यवाद अर्पित करें और उस विशेष संकल्प को रोक दें। आवश्यकता होने पर नए संकल्प जोड़े जा सकते हैं, जैसा कि खंड 5.19 में बताया गया है।

प्रतिदिन अभ्यास के लिए सर्वोत्तम समय:

- **जागने के तुरंत बाद**
- **ध्यान के बाद**
- **प्रार्थना के बाद**
- **निद्रा से पूर्व**

5.21.9 व्यक्तिगत अभ्यास के मुख्य चरण

1. शांत बैठें
2. श्वास को धीमा करें
3. स्पष्ट संकल्प बनाइए
4. तिथि, गुणवत्ता और मात्रा जोड़ें
5. दैवी शक्ति से जुड़ें
6. पूर्णता का दृश्यांकन करें
7. आनंद का अनुभव करें
8. कृतज्ञता अर्पित करें
9. प्रतिदिन दोहराएँ

5.22 जीवन के विभिन्न क्षेत्रों के लिए शक्तिशाली संकल्प

कुछ उदाहरण:

स्वास्थ्य – मेरे शरीर का प्रत्येक अंग संतुलित रूप से कार्य कर रहा है और मेरा स्वास्थ्य प्रतिदिन सुधर रहा है। मेरे सभी स्वास्थ्य मानक सामान्य सीमा में हैं।

मानसिक शांति – मेरा मन प्रतिदिन अधिक शांत, स्पष्ट और संतुलित हो रहा है।

आत्मविश्वास – मैं प्रत्येक परिस्थिति का सामना बढ़ते हुए आत्मविश्वास के साथ कर रहा हूँ।

नौकरी – 30 जून 2026 तक मुझे गरिमा और विकास के साथ उपयुक्त नौकरी प्राप्त हो चुकी है।

व्यवसाय – दिसंबर 2026 से मेरी मासिक आय ₹20 लाख तक पहुँच चुकी है और स्थिर रूप से बढ़ रही है।

आर्थिक संतुलन – 31 दिसंबर 2028 तक मेरे जीवन में मजबूत आर्थिक संतुलन स्थापित हो चुका है। मेरे खाते में ₹100 लाख की राशि है।

ऋणमुक्ति – अब मेरे पास प्रचुरता है और मैं अपने खाते में ₹20 लाख से अधिक राशि बनाए रखता हूँ।

बच्चे की शिक्षा – इस शैक्षणिक वर्ष के अंत तक मेरे बच्चे ने 90% अंक प्राप्त किए हैं और वह अच्छी प्रगति कर रहा है।

परीक्षा – मैं स्पष्टता के साथ लिख रहा हूँ, 98% अंक प्राप्त कर रहा हूँ और स्वर्ण पदक प्राप्त कर रहा हूँ।

पारिवारिक सौहार्द – हमारे घर में शांति, मधुर वाणी और पारस्परिक सम्मान बढ़ रहा है।

वैवाहिक सौहार्द – हमारे संबंध में विश्वास और समझ गहरी हो रही है। हम शांतिपूर्ण जीवन जी रहे हैं।

बच्चे का स्वास्थ्य – मेरे बच्चे का स्वास्थ्य उत्कृष्ट है और वह अपने बचपन का आनंद ले रहा है।

घर / संपत्ति – दो वर्षों के भीतर हमारे परिवार को शांतिपूर्ण घर प्राप्त हो चुका है और हम वहाँ आनंदपूर्वक रह रहे हैं।

नेतृत्व – मैं स्पष्टता, विनम्रता और संतुलन के साथ कार्य कर रहा हूँ।

शारीरिक शक्ति – 90 दिनों के भीतर मेरे शरीर का वजन संतुलित हो चुका है और शक्ति प्रतिदिन बढ़ रही है। मैं प्रसन्नतापूर्वक जीवन जी रहा हूँ।

आध्यात्मिक विकास – ध्यान में प्रतिदिन आंतरिक मौन और स्पष्टता गहरी हो रही है।

कठिनाई समाधान – अगले महीने के अंत तक हमारा न्यायालय संबंधी मामला हमारे पक्ष में सुलझ चुका है।

सही निर्णय – आंतरिक बुद्धि सही समय पर सही निर्णयों का स्पष्ट मार्गदर्शन कर रही है।

सामाजिक सम्मान – एक वर्ष के भीतर मैं पंचायत अध्यक्ष बन चुका हूँ और ईमानदारी के माध्यम से सम्मान प्राप्त कर चुका हूँ।

दैवी समर्पण – मेरे संकल्प उचित समय पर दैवी कृपा से पूर्ण हो रहे हैं और मैं भीतर से शांत तथा अनंत शक्ति के प्रति समर्पित हूँ।

महत्वपूर्ण टिप्पणी

जब किसी तिथि या समयावधि को जोड़ा जाए, तो वह दिशा दे, चिंता नहीं।

मूल सिद्धांत यह है: संकल्प स्पष्ट होना चाहिए; समय दिशा दे; और परिणामों पर दबाव डाले बिना समर्पण बना रहना चाहिए।

5.23 संकल्प सिद्धि का मौन रहस्य

संकल्प सिद्धि का गहरा रहस्य यह है कि बाहरी परिणाम दिखाई देने से बहुत पहले जीवन में परिवर्तन आरंभ हो जाता है। प्रत्येक सार्थक उपलब्धि पहले भीतर शांत रूप से जन्म लेती है; एक स्पष्ट आंतरिक विचार के रूप में, एक जीवंत चित्र के रूप में, एक शुद्ध भावना के रूप में, एक मौन प्रार्थना के रूप में, या गहरे मन में धारण किए गए दृढ़ निर्णय के रूप में।

संकल्प केवल बार-बार बोला गया वाक्य नहीं है; यह एक आंतरिक सामंजस्य है जिसमें मन, भावना, श्रद्धा और सूक्ष्म स्वीकृति एक दिशा में साथ चलते हैं।

एक स्पष्ट संकल्प दिशा देता है।

सही शब्द आकार देते हैं।

दृश्यांकन आंतरिक रूप देता है।

शुद्ध भावना जीवन देती है।

श्रद्धा आंतरिक संदेह हटाती है।

दैवी संबंध अदृश्य शक्ति लाता है।

समर्पण दबाव कम करता है।

पुनरावृत्ति स्वीकृति को गहरा करती है।

दूसरों को आशीर्वाद देना आंतरिक प्रचुरता को बढ़ाता है।

धैर्य अदृश्य कार्य को पूर्ण होने का समय देता है।

5.24 संकल्प सिद्धि के रहस्य को खोलने की आवश्यक कुंजियाँ

संकल्प सिद्धि कोई जादू के प्रदर्शन जैसा क्षणिक चमत्कार नहीं है; यह एक आंतरिक प्रक्रिया है जो मन, भावना, श्रद्धा, दृश्यांकन और दैवी समर्पण के सामंजस्यपूर्ण मिलन से धीरे-धीरे आकार लेती है। संकल्प सिद्धि नामक आंतरिक कक्ष का द्वार खोलने के लिए कुछ कुंजियाँ आवश्यक हैं।

पहली कुंजी है स्पष्ट संकल्प – आंतरिक मन को स्पष्ट रूप से ज्ञात होना चाहिए कि क्या चाहा जा रहा है।

दूसरी है सही शब्दावली – संकल्प वर्तमान काल और सकारात्मक भाषा में व्यक्त होना चाहिए।

तीसरी है दृश्यांकन – भीतर ऐसे देखना जैसे संकल्प पहले ही वास्तविकता बन चुका हो।

चौथी है भावना – उसमें आनंद, कृतज्ञता और आंतरिक दृढ़ विश्वास जोड़ना।

पाँचवीं है दैवी संबंध – ईश्वर के स्मरण में मन को कोमल बनाना और भीतर से संकल्प अर्पित करना।

छठी है समर्पण – परिणाम पर अत्यधिक दबाव छोड़ देना।

सातवीं है पुनरावृत्ति – संकल्प को नियमित रूप से सुबह, प्रार्थना के बाद, या सोने से पहले दोहराना।

आठवीं है आशीर्वाद भाव – दूसरों के लिए मंगलकामना करना मन के आंतरिक क्षेत्र को विस्तृत करता है।

नौवीं है शांत वातावरण – संकल्प शांत, निर्बाध और निजी स्थान में अधिक गहराई से स्थापित होता है।

दसवीं है गुरु-मार्गदर्शन – यह सूक्ष्म आंतरिक बाधाओं को समझने और सही ढंग से आगे बढ़ने में सहायता करता है।

जब ये सभी एक साथ आते हैं, तब वे मौन रूप से संकल्प सिद्धि के आंतरिक द्वार को खोलने वाली वास्तविक कुंजियाँ बन जाते हैं।

संकल्प सिद्धि का अंतिम महान सूत्र

स्पष्ट संकल्प + सही शब्द + दृश्यांकन + शुद्ध भावना एवं श्रद्धा + दैवी संबंध + समर्पण + पुनरावृत्ति + आशीर्वाद भाव + धैर्य + गुरु-मार्गदर्शन = संकल्प सिद्धि

सभी संकल्प एक समान प्रकार से पुष्पित नहीं होते। कुछ शांत रूप से आरंभ होते हैं, कुछ समय लेते हैं, कुछ पहले भीतर के अस्तित्व को रूपांतरित करते हैं और फिर बाहर प्रकट होते हैं।

रहस्य यह है:
जो कुछ शांत मन में बार-बार बोया जाता है, श्रद्धा से पोषित होता है, कृतज्ञता से शुद्ध किया जाता है और दैवी कृपा को समर्पित किया जाता है, वह धीरे-धीरे जीवन को स्वयं आकार देने लगता है।
ईश्वर करे प्रत्येक सच्चा संकल्प जीवन में स्पष्टता, शांति, शक्ति और सार्थक पूर्णता का स्रोत बने।

www.ingramcontent.com/pod-product-compliance
Lightning Source LLC
LaVergne TN
LVHW022229200926
848481LV00006B/2183